李奇勇 著

Shihe de Jiaoyu
Caishi Zuihao de Jiaoyu

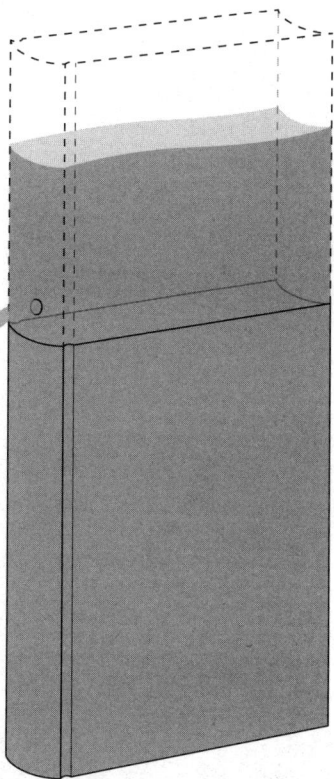

大夏书系·学校领导力

适合的教育
才是最好的教育

华东师范大学出版社

ECNUP 上海 著名商标

全国百佳图书出版单位

图书在版编目（CIP）数据

适合的教育才是最好的教育 / 李奇勇著 . —上海：华东师范大学出版社，2017
ISBN 978-7-5675-6843-3

Ⅰ.①适 ... Ⅱ.①李 ... Ⅲ.①中小学教育—教育研究—文集　Ⅳ.① G632.0-53

中国版本图书馆 CIP 数据核字（2017）第 207819 号

大夏书系·学校领导力

适合的教育才是最好的教育

著　　者	李奇勇
策划编辑	李永梅
特约编辑	韩世文
审读编辑	任媛媛
封面设计	奇文云海·设计顾问

出版发行	华东师范大学出版社
社　　址	上海市中山北路 3663 号　邮编　200062
网　　址	www.ecnupress.com.cn
电　　话	021 - 60821666　行政传真　021 - 62572105
客服电话	021 - 62865537
邮购电话	021 - 62869887　地址　上海市中山北路 3663 号华东师范大学校内先锋路口
网　　店	http：//hdsdcbs.tmall.com

印 刷 者	北京密兴印刷有限公司
开　　本	700 × 1000　16 开
插　　页	1
印　　张	12
字　　数	150 千字
版　　次	2017 年 9 月第一版
印　　次	2018 年 7 月第二次
印　　数	6 101 - 9 100
书　　号	ISBN 978-7-5675-6843-3/G·10584
定　　价	39.80 元

出 版 人	王　焰

（如发现本版图书有印订质量问题，请寄回本社市场部调换或电话 021-62865537 联系）

目录

第 **1** 章

从减负谈起，呼唤"有限教育"

003　　减负：一个教育的伪命题？

006　　减负：从课程结构的优化调整着手

009　　减负：让基础教育回归本义

012　　作为"有限教育"的新基础教育

015　　把分数请下评判台

018　　有限教育与过度教育：学制是否应该缩短？

021　　过度教育：表现与思考

024　　基础教育是如何走向"过度"的

026　　入学，如何公平

029　　开学，十个到位

032　　谁输在了"起跑线"上？

035　　学前教育发展的贵州路径

038　　学前教育应该提倡什么

041　　在幼儿园，学会什么和不该学什么

第2章

从责任入手，区域均衡是关键

047　　　　　　　　　　　　　　　校长责任的边界在哪里

050　　　　　　　　　　　　　　义务教育的质量不只是分数

053　　　　　　　　　　教育：让社会层级能够正常地流动

056　　　　　　　　　　　　　　　　为什么要教育均衡

059　　　　　　　　　　　　义务教育是我们全部工作的出发点

062　　　　　　　　　　　　　　义教均衡，县级政府责无旁贷

065　　　　　　　　　　　　随迁子女教育事关社会发展大局

068　　　　　　　　　　无限责任，只能让教育部门卓"无"成效

071　　　　　　　　　　　　　　民办教育，提供更多的选择

074　　　　　　　　　　管办评分离的关键在于"评"之独立

077　　　　　　　　　　　　　　　　教育督导如何独立

080　　　　　　　　　　　　　　怎样让教育督导有权威

083　　　　教育质量监测：让教育督导拥有坚实的数据基础

第3章

从高考切入，改革要"以法育人"

089　　　　　　　　　　　　　　　谁之高考，谁之公平

092　　　　　　　　　　　　　　高考：给人改变命运的梦想

095   高考改革，从降低英语分值开始

098   改革高考，我的"疯狂设想"

101   教育改革，缩短学制刻不容缓

104   课改，教改的金钥匙

107   课改的红利

110   课改，农村能否提供另外一种经验

113   依法治国理念下的教育供给侧改革，以法育人

116   去行政化：高校改革的伪命题

119   没有思想者，大学何以被称为"大学"

122   大学，开启怎样的人生之门

125   高校党委书记，如何成为高校的灵魂人物

第4章
从职业探讨，为好教师"正名"

131   教师职业的含金量是考出来的吗

134   教师也是普通人

137   好教师：爱比技能更重要

140   小学教育呼唤全科教师

143   让教师活得有尊严

第**5**章

从特教延伸，给力特别的教育

149　　　　　　　　　　　　特殊教育：以国家的名义

152　　　　　　　　　　特殊教育中蕴含的教育本质

155　　　　　　　　　特殊教育的关键：融入与尊重

158　　　　　　　　　　特殊教育要特别"给力"

161　　　　　职业价值观，影响职业教育发展的关键

164　　　　　　　　　　　误入歧途的职业教育

167　　　　　　　　　　职业教育应是基础后教育

170　　　民族教育，要从过分强调差异走向发展与融合

173　　　　　　　　　写好环境国际教育的中国方案

175　　　　　　　　坚持文化自信　开展国际合作

179　　　**附录　媒体访谈**

第 1 章

从减负谈起，呼唤"有限教育"

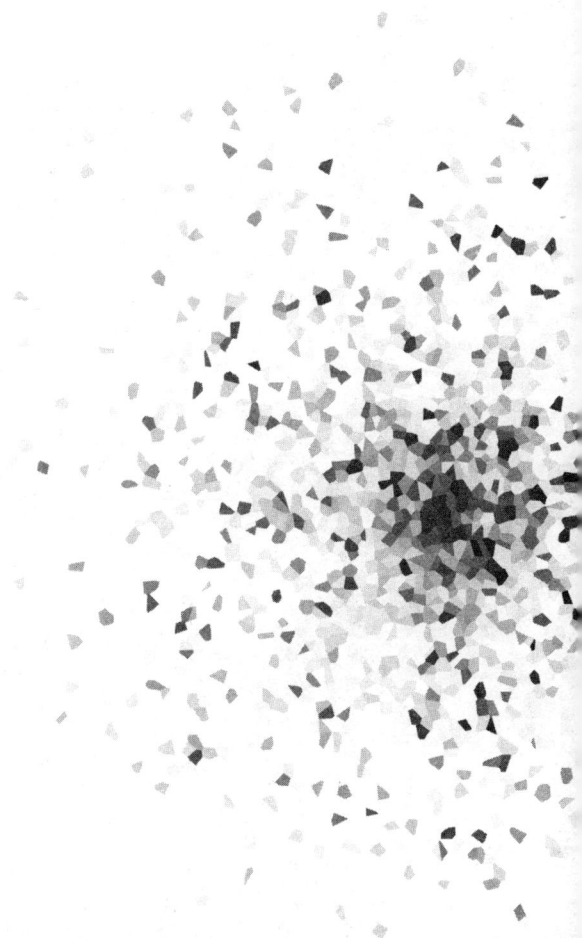

减负：一个教育的伪命题？

开学了，各地在部署工作时大都会谈到"减负"的问题。这是一个老生常谈的话题，近年来却成为中国基础教育挥之不去的困扰。尤其是"减负京八条"，更是引发了人们对减负的强烈关注。

减负为什么不奏效

减负减了很多年，不奏效，为什么？

社会、家长甚至学生本身，评价一所学校好坏，一地教育工作优劣，无不将升学率作为第一标杆。升学率从何而来？从不断提高的相对分数中来。相对高分从哪来？从不断增加的学生课业负担中来。可见，学生课业负担的加重，是由多个因素决定的。

一方面，大家认识到，学生课业负担重，学习时间多，睡眠时间少，体育锻炼时间少；孩子的书包越来越重，眼镜片越来越厚，身体素质和心理素质越来越弱。把学生从过重的课业负担中解放出来，已经成为基础教育改革创新的基本方向和首要任务，刻不容缓。

另一方面，人们又认为学生的本职工作就是学习，就该多学一点、考好一点；学校担心，自己减负而其他学校没减，升学率会下降，减负的执行动力不足；家长担心，自己的孩子减负，别人没减，将来难以竞争，家长配合意愿不足。有很多人忧虑，虽然通过教育行政部门的认真贯彻、严格督查，"减负京八条"应该可以落到实处，但升学率的诱惑和分数的压力，会使课外辅导班呈现升温的趋势。学生"校内减负校外补"，校外的培训、补习机构将迎来一个蓬勃发展的"春天"。

一个教育的伪命题

这真是一件吊诡的事情。就像是劝农民少打粮食，工人少出产品一样，学校劝老师少教点，劝学生少学点，甚至是禁止多教多学，总让人觉得有点滑稽。最后，升入好学校的，受到表彰鼓励的，很可能是那些私下里、背地里、校园外"多学狠学拼命学"的学生。减负就好像是在和教育工作者的事业追求开玩笑。

当代中国，任何一个对教育发展和学生生存状况有些许了解的人，都不得不承认，今天的课业负担，确实已经成为了学生健康成长的障碍，减负是大势所趋。全国各地实施经年的减负措施，不可谓不具体，不可谓不有力，但为何年年减、年年"负"，屡屡陷入治标不治本，治校内不治校外的尴尬境地？这恐怕要从政策设计的逻辑原点来思索，也就是我们常说的顶层设计。

我们的教育政策是基于这样一个命题展开的：学的越多就越容易成功，"书中自有颜如玉，书中自有黄金屋"。成功的标志是"颜如玉""黄金屋"。想要多些"颜如玉""黄金屋"，那就多读书吧。事实上，在全民进校园、知识大爆炸的当代，这是一个伪命题。

把内容和难度减下来

当下，学习和成功的概念，已经丰富到一万个人就有一万种理解和认识的程度。人生怎样才算成功？拥有有钱、有权、有面子的生活？不，这只是陈旧的世俗意义上的所谓成功。真正的成功是什么？现代文明社会早就给了我们更多的选项，社会主义的教育也绝不能给孩子这样的导引。

退一步说，就算我们要追求世俗的成功，那么，成功与学习之间又有怎样的逻辑关系？大量读书就一定可以换来成功吗？如果是，那究竟要读到什么程度？今天，知识已经成了海洋，是不是要"淹死"在知识的海洋里才能够有车、有房、有面子？

再进一步追问：学习对人的成长到底有什么作用？我们究竟要学什么，怎么学，学多少？现代基础教育是人人参与、人人过关的大众教育，不同于以往的精英教育，其职责在于提供一个人由"生物人"转化为"社会人"的知识、技能和过程。换句话说，就是教孩子如何离开父母、走出家庭、融入社会，如何认知自我、懂得与人打交道、在社会中生存。如此，现代基础教育的学习内容和难度就一目了然了。

中国幅员辽阔、人口众多，在基础教育阶段不可能满足所有人对所谓成功的学习追求，只能用一种大一统的学制、课堂、教案和评价标准，推行大众的学校教育，以实现尽可能多的人由"生物人"转化为"社会人"的教育目标。这就要求我们把教育教学的内容和难度减下来，让孩子懂得爱自己、爱父母、爱伙伴、爱师长、爱自然，进而爱故乡、爱国家、爱这个星球。这已经足够了，至于培养"大师""成名成家"，那不该是基础教育的职责。只有这样的基础教育，才不需要学校高举减负的大旗，孩子在学校的快乐成长也才会成为可能。

否则，减负就无法摆脱不是笑话就是难题的窘境。

减负：从课程结构的优化调整着手

"两会"期间，一些代表委员提出，高考考外语是"劳民伤财"的"悲剧"，直指基础教育科目盲目设置、内容不切实际的积弊，一语切中减负要义。减负，就是要大幅度地压缩基础教育阶段所开的科目数，在学生学习内容上动大手术，把那些不需要在基础教育阶段掌握的知识内容，坚决彻底地剔除出去，让学生在中小学以一种吃不饱、不够吃的状态，保持对知识的渴求、对学习的热爱，进而成长为具有终身学习愿望和能力的可持续发展的人。

外语教学大规模进入中小学校园，始自改革开放时期。当时，开放的中国渴望与世界拥抱，外语是工具、是桥梁，也是一种标志。但是，今天把外语教学提到基础教育的"第一梯队"，甚至是举足轻重的重要位置，确实极大地增加了学生不必要的负担。

第一，社会进步必然带来社会分工的细化，或者说，一个没有细致分工和职业互补的社会就不能称其为现代化的社会。无论多么开放，当代的中国也不需要人人都成为外语人才；能够掌握外语，并使之成为交流工具的只能是少数人。

第二，语言学习，特别是非母语学习，有其特殊规律，对学生天生的兴趣和禀赋有着基础性的苛求。通俗点说，就是人们常讲的"语言天赋"。没有这种天赋，学习起来常常是事倍功半，甚至是徒劳无功。孔夫子讲的"有教无类"，首先是承认人是有"类"的，承认人"生而有别"、有先天差异这个基本客观事实，然后才是如何顺应这一差别实施分类教育。在有"类"的人群中，具有学习外语天赋的学生，必定是部分而非全部。

第三，在中小学中开展外语教学，是落实"教育要面向世界"指导思想的具体措施之一，而不是这一思想的根本要求。面向世界的教育，本质应该是教育理念和教学方式与国际的接轨，是国际视角和全球胸怀的养成。把基础教育中的外语教学，异化成"教育要面向世界"的根本要求，要求人人过关，人人达标，不仅是对"教育要面向世界"这一要求的机械片面理解，而且是现实社会中虚荣、浮夸、功利的片面"成功观"在基础教育领域的反映。

如果高考必考科目中取消外语，只在报考外语专业或对外语有要求的专业时加考外语，外语这座压在学生头上最高、最重的"大山"就可以搬掉了。在基础教育领域，像外语这种脱离中国中小学学生成长实际而盲目设置的教育科目，不是个别。

信息时代，信息技术重要，多开一门课吧；将来就业实用技术少不了，再多开一门课吧……现实中，基础教育甚至承载着职业教育的功能。问题是，没有切身的就业压力，对某一具体技能没有内在的学习驱动，任何技术和技能的教学，都不可能会有实际的效果。

基础教育有时还会成为跟风和赶时髦的"形象工程"。提倡生态文明建设，生态文明教育要进课堂；关注法制建设，法制教育要进课堂；禁毒、消防、计划生育、创建文明城市、民族文化等，样样都很重要，样样都要进课堂。没错，这些都是学生成长的必需营养，但是营养不能过剩，更不能杂乱，要有配方比例，必须合理科学"进补"。

基础教育不是职业教育，更不是万能教育，其主要功能是让学生实现从

"生物人"向"社会人"的转化，建立起基本的世界观、人生观、价值观，具备一定的心理、生理上的准备，可以开始下一阶段的继续教育，进行职业训练和人生规划。

在这一阶段，中文语言文字的教学应是主要内容。对一种文明的传承，首先是对语言文字的传承，一个民族的品德、性格、梦想，都应该蕴含其中。此外，还有历史，特别是中国历史；科学，主要是对人和自然的基本认识。这些已经足够支撑起学生的"三观"，多则无益、滥则有害。前面提到的法制建设和生态文明理念，以及艺术的素养等，都应该在语文、历史、科学这些课程中得以体现。

就像我们不能把素质教育与应试教育对立起来一样，减负不能传递出"知识无用""读书无趣"的论调。减负要通过合理科学地编排中小学课程，把对学生本阶段成长无实际意义的科目删减掉，让课程更贴近学生实际，教学目的更实事求是，回归基础教育的本义，让学生在学校循序渐进地长大成人，初步懂得自己、懂得他人、懂得世界，可以自立于社会。至于学有本领，术有专攻，成为建设者和接班人的事，还是留待进入大学或职业技术学院以后吧。

减负：让基础教育回归本义

减负雷声大雨点小的原因很多，有学生的无奈、家长的盲目、学校的屈从、官员的虚荣……但究其原因，还在于人们没有弄清楚当代中国基础教育的本质，不明白教育到底是什么，应该干什么和怎么干，因此也就不清楚减负的实质意义，工作缺乏原动力。

从春秋战国学派纷立，到新中国开始致力于普及基础教育，数千年光阴，在中华民族的性格构成里，深深地打上了教育的烙印。在历史进程中，教育改变命运的功利意义和换取物质财富的世俗价值，被推崇到了极致。中国教育早就远离了它名义上所推崇的孔夫子的教育理想——有教无类、因材施教、乐在其中，而成为只能部分人参与、价值判断完全功利、毫无乐趣可言的苦差事。因为功利，再苦也值；因为苦，所有的功利都被披上了道德的光辉。

那些时代，读书不是义务而是志愿，全社会的知识总量与今天相比，可谓微不足道。就算饱读诗书，与今天学生的课业负担相比也不可同日而语，而且只有少数人才能读得起书，吃得到这份苦，达成目的的概率和机会就大了许多，知识改变命运基本可行。知识量与命运线基本正相关，也就是书读得越多，越成功，越发达。苦难与辉煌得以平衡，于是苦得其所，苦有价值，苦中有乐了。

今天，大力推行义务教育，人人进学堂，个个有书读，信息社会知识爆炸。人类历史上人数最多、普及面最广、需要面对的知识量最大的教育工程，完全颠覆了以往任何层面和范围的教育规律、模式和状况。

人人进学堂，并不是人人都有读书的兴趣，天生不爱读书怎么办？也不是人人都是读书的材料，主观上很努力，客观上读不进去怎么办？有人擅长数理，逻辑思维较好；有人文史不错，长于形象思维；还有文体尖子，文化课难以过关。这些学生怎么教？怎么考？今天的教育模式，恐怕难以给他们一个好学生的评价。我们可以批评他们不够用功，但人人都读书的今天，知识改变命运已经不灵了；苦是苦了，却难见辉煌。

教育的功利作用大大减退，学生苦读完，找不到工作，跳不出农门，甚至成为常态。还有这样一些学生，对自己的人生另有规划，既无报效国家、建设社会主义的雄心壮志，亦无出人头地、发达富贵、实现个人价值的愿望，他们只想平平常常、粗茶淡饭，在和平的家园长大、变老、死去。珠海就有一位 10 岁男孩在《退学申请书》中表示，自己宁愿和喜欢的女孩一起砍柴、拾破烂，也不愿背书、写作业。在这些人面前，教育的功利作用更加一文不值。

这种难以改变命运，无法激励人生，基本没有世俗用途，却又苦不堪言的基础教育，还要人人接受，是不是有点违背人性？当然，学生当中必有天生爱读书的，天生对自然充满好奇的，天生有家国情怀的，他们为中华之崛起而读，为科学而读，为读书之乐趣而读，我们要通过普及基础教育把他们找出来，让他们成为民族的脊梁。如果说通过苦读，能够让这些人脱颖而出，帮助他们打下成为未来民族栋梁之才的基础，让大家都陪着他们苦读 12 年，虽说有点不公，似也不失民族大义。问题是，当今时代，知识爆炸、信息过剩，大学的知识 3 年都过期了，何况基础教育；信息技术都进入"云"时代了，知识全部网上在线可查，再苦读还能比得过电脑？纵观 60 多年来，特别是近 30 年来的全民苦读，也并未见"大师"出现，栋梁们的一技之长也基本上与苦读的基础教育关系不大。因为知识不是力量，智慧才是。过度的知识只会窒息人的活力和聪明。

可见，教育中书要苦读的做法，不仅不存在于古代孔夫子的教育中，在今天的新教育中也行不通。这是因为产生于特定的生产力条件下的旧式教育突出和强化了教育的世俗功利，远离甚至背弃了教育是人的基本需要这一本质属性。

既然苦读的基础教育难以改变命运，也无法提供幸福生活和成功技能，甚至还可能将"大师"扼杀于摇篮中，那么我们就要大胆改革，破旧立新，扎实减负，让学习不再苦，让读书有乐趣。

人类要延续，文明要传承，人要由"生物人"转变为"社会人"，基础教育是必需的。基础教育应该满足人的基本需要，人在其中要有做人的尊严和快乐。这样的基础教育还需要学这么多无用的知识吗？当然不用。减负还成问题吗？当然不会。

减负是基础教育回归本义的必然要求和正确路径。基础教育的内容和难度，至少应砍掉 1/3。我们期盼，让人性归位，让学生归位，让教育归位。

作为"有限教育"的新基础教育

　　当前，基础教育所面临的形式、任务和环境，完全不同于以往任何一个历史时期。

　　义务教育的普及，甚至高中教育的普及，让接受基础教育成为每一个公民的权利和义务。读书、受教育不再是少数人的特权，完成基础教育与社会阶层、社会地位、社会职业，以及由此带来的生活状况和人生路径，也就没有了直接的关系。依靠基础教育"知识改变命运"的现象越来越少，人们对基础教育的功利要求也越来越淡。受教育的对象由部分转变为全部，进而深刻地改变了基础教育的任务和使命。

　　今天人类知识总量的增长模式已由"线性"增长飞跃为"几何级数"的增长。一个人，就算穷其一生，苦读不辍，能够掌握的知识，也不过沧海一粟。通过个人的博学强记，想要融汇古今、学贯中西，恐怕只能是神话。面对急速膨胀的知识海洋，只有有限生命并怀抱多种人生梦想的人类，只能"取一瓢饮"。

　　纸质的书本，作为知识的主要载体，已逐步让位于既能海量存贮又可即时运用的电脑。"云"技术的兴起，更是将无限信息、爆炸知识的收集、保存、分类和运用变得十分便捷。知识不必记忆，运算依靠机器；知识不再神秘，随取随用随新已成现实。旧式教育的苦读，在知识的海洋里犹如驾舢舨而远航，费力而未知前途，徒劳而难抵彼岸。

新形势下，我们应选取哪些知识供基础教育阶段学习？我认为，学习这些知识，不需要耗费太多时间精力，可留出更多的时间让孩子亲自去创造和体验；掌握这些知识，不需要对个人禀赋提出过高要求，每一个孩子都可以在学习中得到满足、成功和趣味；拥有这些知识，不需要占用太多的大脑空间，孩子们可以摆脱旧的思维惯性，更快速地创新，激活个体生命的活力。

在浩瀚的知识海洋里选取这些知识，不能因循旧教育的那一套。若是还坚持"知识改变命运"的功利观念，成为"知识越多越成功"这一伪命题的俘虏，势必造成中学想大学的问题，小学读中学的功课，幼儿园干小学的事情。减负还是会无奈地成为知识的"敌人"，愚昧的"帮凶"，既无内应也无外援，彻底成为一句空话。

要坚持摒弃基础教育阶段"书要苦读"的片面观念，回归"学而时习之，不亦说乎"的中华传统教育思想，让下一代在新的基础教育中感受到读书的乐趣。"学海无涯苦作舟"，这是对部分学术工作者生存状态的描述，不该是对普通大众的要求。在中小学中，要培养普通人对知识的渴求和对书本的热爱，帮助其获得终身学习的习惯和方法。不能让"书要苦读"的伪命题成为"过度教育"的通行证，在基础教育阶段就泯灭了很多人对学习、对书本的感情和兴趣，甚至因为"读不进去"，逼得部分人成为"辍学生"和"新文盲"。这是新的基础教育所不容许的。

新的基础教育是在知识爆炸、地球成"村"的时代大背景下，面向全民族每一个人开展的文明传承的启蒙教育。海量知识和人人参与的两个无限因子，在"知识越多越成功"和"书要苦读"的伪命题指引下，被传承文明这一巨大的责任驱使，很容易走向"过度教育"的深渊。过度教育的"多"和"苦"，不知扼杀了多少少年对知识的向往、对学习的爱好，甚至已经极大地窒息了整个民族的创新活力和聪明才智。

新的基础教育应该是"有限教育",或者称为"适度教育"。虽然知识背景和面对的人依旧是无限的,但我们紧扣住了文明传承的启蒙教育这一根本任务,不奢求、不虚荣、不浮夸。我们只干一件事,就是让每一个中国人由"生物人"转变为"社会人",知道自己从哪里来,要到哪里去,要依靠什么,和谁一起,这就足够了。明确了目标、任务,基础教育教什么、学什么的问题就完全清楚了。我们只需要掌握能够回答上述问题的有限的知识就可以,而不需要把人类已有的知识全都掌握,或者尽量多地掌握。基础教育的学制可以缩短,内容大幅减少,难度刚好合适。学习的内容有限、难度有限、负担有限,再说减负就成了笑话。

虽然社会不断进步,人类征服自然的脚步铿锵有力,但千百年来人类对幸福、成功的感受从未改变,那就是在掌握自身命运前提下的自尊和博爱。由此我们相信,教会学生做人、开启未来之门的基础教育所需要的知识也应该从未改变,或者说它的核心内容永远都不会改变。这些知识不会太多,但十分要紧。这就是"有限教育"。

把分数请下评判台

2013年8月，教育部《小学生减负十条规定》第二次面向社会公开征求意见，共征得各类意见建议1209条。据介绍，第二次征求意见和第一次相比，意见总数下降了79.7%，表明经过第一次征求意见并认真修改后，已经在社会上达成了较高共识。问题是，所谓"较高共识"主要反映在这几个方面：对阳光入学的支持率为95.7%，均衡编班的支持率为94.9%，"零起点"教学的支持率为93.5%，每天锻炼1小时的支持率为95.9%，一科一辅的支持率为95.5%，严禁违规补课的支持率为96.6%，严加督查的支持率为95.7%；而唯独减负的核心内容"减少作业"支持率最低，仅为69.1%。

减负，就是要把学生的课业负担减轻，让孩子们回家后少做作业。可是还有相当一部分社会公众（有很大一部分是家长）不认同、不赞成、不支持、不配合。一句话，作业影响成绩，成绩反映质量。教育必然追求质量，减少作业可能会影响质量，这正是问题的症结所在。

如果我们弄清楚了这些社会公众持异议的真实原因，对减负的前景可能更难看好。大多数持异议者都认为，作业太少是不是就表明掌握的知识少了，考试时成绩就会上不去，教育教学质量是不是就有了问题。一句话，作业影响成绩，成绩反映质量。减少作业可能会影响质量——这正是问题的症结所在。减负挑战的是现行的教育教学评价体系，是现行的教育质量观的基石——学生成绩。对待学生成绩的不同态度，决定了教育质量观的不同，也反映了不同的教育思想、教育理念。

我们已习惯的教育思想、教育理念是：学得越多越有能力、越容易成功和幸福，教育教学工作就越有质量。如此简单明了的逻辑，直接给义务教育，乃至整个基础教育，贴上了撕不掉、甩不脱、万人诟病的"应试教育"的标签。没有学习是不需要考试的，人生是一场更宏伟的考试。学生应试，天经地义。干吗要让"应试教育"背黑锅？

教育把学校知识与人的成功和幸福看成是一种线性正相关，只要知识多，教育教学质量就高，人就越容易获得成功和幸福。于是能学多绝不学少，能灌多绝不灌少！学生的成绩就是教育教学工作的业绩，如同工厂的产品、稻田的收成，作业多才能成绩好。让学生少学、老师少教，就好比劝工人少出产品，农民少打粮食一样，会有人听你的吗？

在知识大爆炸的时代，学习没有尽头。对于获得成功和幸福，除了学习，人类还有其他更重要的途径，比如爱和奋斗。事实已经证明，当前教育领域盛行的这种"过度教育"，是当代学生创造力、成功力、幸福力的大敌。

今天我们需要的是"有限教育"，或者说"适度教育"。"有限教育"或"适度教育"摆正了学校知识与人成功、幸福的关系，告诉我们成功和幸福需要的知识是有一定的度的，也告诉我们在童年和少年时期，用于学习、做作业的时间和精力也是有一定的度的。在"有限教育"里，没有减负的概念，适度的作业和功课，不会因为对更高分数的追求而加码。也不会有"应试教育"和"素质教育"之分，学生当然要考试，教育目的也当然指向素质。只是把分数请下了教育质量高低的评判台，分数是门槛而不是台阶。

把分数请下神台，不是完全不要分数，而是摒弃以分数分等级、分高下的所谓量化的技术主义。这种技术主义用分数的差别，造成了学生间的竞争。为了在竞争中获胜，取得更好的分数，师生和家长都会不断地加大学习强度和难度。

　　"有限教育"里，课程可以分为三大类：阅读和理解，动手和实验，演算和统计。对于义务教育，前两类可以不用分数来评判，只设定通过的基本内容，比如讲 10 分钟的读后感，讲够时间算通过；比如完成一个实验，只要完成即通过。后一类可以有分数，但是像考驾照一样，只设定一个及格分，达到即通过，而不设优良中差等太多等级。将义务教育的所有考试，都由选拔类的改为通过类的。在这样的评价体系下，相信将不再有人逼着孩子拼命苦学；在这样的评价体系下，减负将不再需要我们如此兴师动众、费尽心力却不敢问结果。

有限教育与过度教育：学制是否应该缩短？

基于"知识越多越成功"的伪命题，数十年来，教育在某种程度上致力于把每一个人都培养成具有相同内容和形式的"人才"。学校成为教书育人的"工厂"，遍布城乡，统一范式，批量生产，逐步发展成为了"过度教育"。

学生课业负担越来越重，权钱择校、择师现象屡见不鲜，课外培训补课已成时尚，校长、局长责任没有边界；学龄与学段不匹配，成年人干着未成年人的活；投入与产出不对应，诸多的"教育工程"并没有换来预期的人才井喷；提倡多年的素质教育甚至异化为"音、体、美"教育……过度的教学内容，过度的教育责任，过度的道德功能，过度的学制设置，不仅没能很好地达到通过教育提高民族素质、培养更多人才的目的，反而把教育本身逼进了教育工作者难有正常的事业成就感、教育改革者莫衷一是、政府不堪教育责任重负的死胡同。教育已经到了非改不可的地步。

改革必须从源头抓起。我们必须认真厘清当下教育的目的和功能，科学界定不同学段教育的内容和学制，准确把握各类教育人的责任和义务，让教育回归本义，回归常态。

过度教育来源于对"知识就是力量"的片面认识和"人定胜天"的盲目主观性，它忽视了客观存在的人内在的先天差异和人生目标的多元异构，夸大和神化了作为外因的教育对人成长、成才、成功的影响和制约，认为教育可以改变任何一个人的信仰追求、能力构成和人生命运，进而决定和改变整个民族的前途和命运，把教育特别是公办教育推上了无所不能的神台。如果不能，则归咎于教育的失败，仅仅拷问教育工作者的主观努力，而无视教育行为只是外因，必须通过个体受教育者的主观能动性这一内因才能起作用的客观规律。在影响个人与民族命运的众多因素中，无论如何强调其重要性，教育也只能是其中之一。反对过度教育，就是要提倡尊重客观规律，尊重个体意愿，摒弃盲目、浮夸、虚荣和不切实际，实施有限教育。

首先，教育的功能要有限。教育在人的成长过程中十分重要，但并非必不可少的环节。即使是在当代，人人接受的基础教育也只是起到帮助个体由"生物人"向"社会人"顺利转化的作用，而无法决定其能力和命运。教育是人成长、成才、成功的重要推手，但只是外因，绝非内因。因此，不能夸大和高估教育对一个人、一个民族的前途命运和能力道德的影响和制约。

其次，教育的内容要有限。实践已经反复证明，一个人的能力与掌握知识的多寡不存在正相关，而与运用知识的方法关系更密切。"知识越多越成功"的老观念，在知识爆炸的信息社会几乎没有现实意义。就像贮存了过多内容的电脑，速度会降下来一样，知识太多也会驱使人们习惯于向经验求助，而抑制和扼杀了创新。基础教育的知识只需要满足一个人"三观"的科学建构，多则无益，多则成负担。应对基础教育的内容进行大幅度删减，减少必修课，英语选修即可；合并相关课，如将理、化、生、地合为一门学科；马克思主义哲学和思想品德融汇于文史类学科中会更有实效；降低课程难度，生活和一般工作中用不到的知识和公式全部退出必修课，基础教育阶段重要的是培养学生正确的"三观"和良好的文明习惯，以及日常生活的技能。

再次，教育的学制要缩短。教育的内容已经大幅压缩，功能也更加清晰和单纯，当然就不再需要耗费过多的时间来完成基础教育。现代学生青春生理期的提前和缩短，民族复兴对早出人才、快出人才的迫切期盼，都需要从缩短学制下手。

最后，政府的教育责任要有限。教育是最大的民生，政府责无旁贷。但民生并不意味着政府要全部包揽，因为一些事情，政府办还不如市场和社会运作更有效率，比如提供优质教育资源、提供多样化的教育服务、实现教育多元化、促进教育现代化，等等。

有限教育与过度教育，其实是不同的哲学思想在教育领域的反映。马克思主义哲学实事求是、一切从实际出发的方法论，必然要求实施有限教育。这是在弄清楚了"教育是什么"和"教育应该干什么"等基本问题的前提下，以人为本，探索现行基础教育改革发展的有限途径，必将为教育注入无限活力。

过度教育：表现与思考

素质教育，在我看来就是适度教育。当今中国的基础教育，是"过度化"了的教育，主要表现在四个方面：

第一，功能过度。基础教育的功能是让一个人从"生物人"转化和成长为"社会人"，可以在人类社会中养活自己、生儿育女，过上普通而平凡的正常人的生活。非要与成功、发达等宏伟愿景、远大理想对应起来，对于一个未成年人而言，在现阶段不仅是大而无当、虚幻空洞的，而且是将成年人正当的理想和抱负庸俗化了，对社会信仰和价值观的构建伤害更大。基础教育，不能包打天下，不能为物质财富和世俗幸福"埋单"。把教育当作是万能的，这就是功能过度。

第二，内容过度。现在的孩子，在学校能学些什么，学到什么程度，我不用赘述，大家也都知道。看看孩子的书包我们都会吓一跳，其中有多少是基础教育的孩子该学的？

第三，责任过度。首先，校长责任过度。比如，只要是学龄段的孩子，不管是在校内还是在校外发生事故，学校都难脱干系。全社会关心教育，可学校却"办"了全社会。校园内，购物、吃饭、安保、医疗等所有的一切都要归学校管。校长充当了炊事员、采购员、保安员等角色，把所有事情都管了，唯独没精力管教学。其次，政府对教育承担的责任过度。教育是民生，民生就该由政府承担，理论上没错。问题是地方官员大多把重视教育简单地或者功利化地理解成了办学校、建房子。而且建完学校后到处炫耀——我们这里最漂亮的房子就是学校。最后，孩子们穿得破破烂烂，教师们过得紧紧巴巴，学校的教育教学没人关注，"豪宅华厦"以教育的名义大行其道。政府责任过度，往往是政绩的过度、基建的过度、浪费的过度。教育本来主要应该是家庭的事、团体的事、社会的事，现在却全部成了政府的事。结果，学校都由政府投入，把所有的学校都变成了公办，民办教育完全没有了发展空间。这种过度的责任，还催生了群众择校的热情和对教育公平的不满：都是公家出钱办的学校，为什么有好有坏？凭什么你进得了名校，我却进不了？

第四，学制过度。如今 12 年的学制带来了很多问题。现在的孩子发育提前，12 年学制造成孩子该恋爱的时候在读书、在拼高考，等到上大学了，青春期已经过了，既不爱读书，也不会谈恋爱了。什么叫以人为本？就是该干什么的时候让他干什么。该恋爱的时候不让谈恋爱，让读书；等到上大学应该好好读书了吧，全部人都说你该谈恋爱了，不然，就成了"剩斗士"。拧巴的人生，怎么能有好的前景？这一切跟基础教育学制过长有关系。基础教育，10 年足矣。

"过度化"的教育需要改革。改革就要重视顶层设计，要有仰望星空的时候。所以教育改革要从根子上改起，要从指导思想和教育理论构建的基石抓起，首先回答素质教育是什么。

仰望星空还要脚踏实地，我们要做到心中有理想、手上有办法、脚下有路径，就要重视基层探索。我们可以问计于陶行知。陶先生的"生活即教育""社会即学校"，很好地回答了素质教育如何落地、如何实施的问题。从来没有可以离开社会环境的成长，也从来没有可以离开家庭环境的教育。我们要树立"泛教育"的理念，家居是教育工具，社区是教育载体，景观是教育因素，城市、乡村是教育场所；家长是教育者，人人都是教育者，人人互为环境、互为教育者。每一个学校、每一个课堂、每一个家庭都可以从自身改起，从现在做起。

教育改革呼唤平民改革家，素质教育呼唤来自底层的创新和实践。

基础教育是如何走向"过度"的

现今，教育理论的基础命题是"知识就是力量"。正是这个命题，将教育带入了学得越多越好的死胡同。这种教育走向大众就是应试教育、过度教育。而在这一表象的背后，技术化、神圣化、功利化无疑是"罪魁祸首"。

坚决反对"技术化"。教师把一堂课上得精而又精，在课堂里每一分钟站在哪里笑，站在哪里看，板书从哪边开始写，字写多大，叫哪个学生互动……精细到这个程度，全部是工业流程中的那些标准，这样的教育怎么能有活力，怎么能有温度？技术化还反映在评价上，流行的评价标准有可操作性吗？试想一下，教师们拿着这些标准该怎么办？只研究这些技术指标已经够教师们受得了，如何再去研究人。这些东西太严密、太技术化了，不仅运行成本高，更折腾死人。长此以往，学校没有文化、没有特色，更不可能培养出优秀人才。但是这样的教育却比比皆是，因为这样的教育容易比出高低，容易出成就、出名师，容易产生专家。要扭转这种局面，要从根子上、从价值观上、从教育理论的基石上来改革。

坚决反对"神圣化"。技术化达到极致便是神圣化，神圣化是脱离实际的政治和道德上的拔高。教育属于意识形态范畴，立德树人既是政治的，也是道德的，但不能无限扩大当下教育对道德和政治的教化作用。当社会的问题和矛盾用其他方法不能解决的时候，人们通常会追问教育，期望教育给出答案，这就是将教育神圣化。

把教育摆得高高在上也可以，但必须有足够的配套措施。"天地君亲师"，教育曾经在"圣坛"上，但必须有一个系统工程予以支撑，否则，这个圣坛就是徒有虚名、名不副实的。比如教师的收入，如果可以达到当地人均工资的两三倍，就必然可以吸引人群中最优秀的那部分人来从事，对教师赋予更多更高的道德楷模功能也就顺理成章。

坚决反对"功利化"。这里的教育功利化并非仅仅指用教育来赚钱，更多的是指教育的培养方向、教育理念过于功利，比如"书中自有黄金屋，书中自有颜如玉""知识改变命运，知识就是力量"，等等。既然知识就是力量，那你让我如何解读减负？给学生更多的力量还错了不成？减负成了死结，成了悖论。同时，很多人读完大学还是找不到工作，这就引发了另外一个极端——读书无用。教育的功利化表面上看是在强化教育，其实走到极端就是反过来的"读书无用"，极大地伤害了教育。

入学，如何公平

伴随着新生注册入学，"择校大战"的硝烟尚未散去的校园，又面临着一场更为严峻的挑战——分班。择校有很多缘由，有交通的问题、经济的问题、面子的问题，但究其本质还是"择师"。由于个人禀赋、职业历练、性格操守，甚至是体制、组织安排等多种原因，就像世界上不会有完全相同的两片树叶一样，也不可能有两个完全相同的教师。即使在同一所学校、同一个年级组，都会有官方或民间不同标准判断下的好、中、差。这没什么奇怪的，事物本来如此。家长希望孩子能在所谓好教师的教育下成长，要求分到某某班，这也很正常，谁不望子成龙、望女成凤？问题是这巨大的需求与供给的矛盾该怎样解决？

对于家长而言，将自己的孩子"挤"进名校，不过是"万里长征"的第一步。能够如愿分到所谓名师的班上，并且能和理想中的同学成为同桌或前后桌，坐在老师便于关注又吃不到粉笔灰的位置，才算真正完成了"择校大业"。区域内教育资源一定有优劣，优质资源一定是少数，择校是场残酷的战争。教师一定有高下，按照规律，好教师也不可能太多，分班就更不会轻松。择校挑战的是区域教育不均衡、不公平，分班则是在拷问学校校长、教师的教育思想、公平意识和管理水平。教育部在《小学生减负十条规定》（征求意见稿）中再次重申，按照随机方式对学生和教师实行均衡编班，严禁以各种名目分重点班和非重点班。编班过程还要邀请家长、社区代表、人大代表和政协委员等参加，接受各方监督。

贵州省也一直进行着积极的探索，2013年4月，贵州省召开全省中小学幼儿园招生工作视频会，会上提出，从今年开始，全省的招生工作需要严格执行"三查四禁五公开"，力争从源头杜绝"择校""择师"，用制度保障公平，用机制维护正义，用纪律传递温暖。

"三查"，一是查学生：检查每一个登记注册的学生的户籍和居住情况，户口（居住证）是否在片区内，年龄是否达到了入学标准；二是查班级：学生人数是否在各地区核定班额的控制范围内，是否按照随机方式对学生和教师实行均衡编班，有无分重点班和非重点班；三是查座位：座位的安排是否体现了公开公正公平原则。可以说，有什么样的教育理念，就有什么样的分班和座位安排，分班和座位安排决定了一个学生有什么样的同学和求学氛围，对其性格和学业影响很大，甚至决定着一个人一生的轨迹和路径。在学校，分班和排座位是头等重要的大事，应该由校长亲自来做。

"四禁"，一是禁止入学测试：任何学校、幼儿园不得进行考试、摸底等任何形式的注册和分班前测试和测验，义务教育升学应实行整班交接，高中升学以地方组织的中考为依据，反对"小学化"的幼儿园，更不得在入园前对幼儿的任何质素指标进行了解和甄别；二是禁止跨区招生：可以跨学区入学的，只有进城务工子女和残障学子等特殊人群；三是禁止各类挂钩：严禁将奥数等各类竞赛、评优和特殊身份等与入学和分班挂钩，贯彻学段前"归零原则"，任何一个将要进入新的学段的学子，都要将其视为白纸一张，从零开始；四是禁止违规登记信息：规范学生学籍档案建设，严禁登记学生的家长职务和工作单位，各地要严格遵照执行，严禁超出省制学生信息登记表范围的信息登记。

"五公开"，一是公开各级教育行政部门的监察、督导电话，公开各区、市、县教育局和具体学校的招生业务咨询电话；二是公开各个学校的学区范围，学区范围经区、市、县人民政府批准后在相关网站公布；三是公开跨学区入学人员名单，按照外来务工人员子女就学以流入地为主和以公办学校为主的"两个为主"原则，外来务工人员子女可以跨学区就学，需要特殊照顾的残障学子可以在特殊学校或有条件的普通学校跨学区就读，其余任何学生不得跨学区上学；四是公开县域内教师交流情况，加强城乡之间、不同学校之间的教师交流，便于缓解县域内的择校矛盾，促进教育资源的均衡；五是公开招生工作督查报告，开学后各级督导部门对招生工作，尤其是前述要求的落实情况予以督查，并公开督查报告。

开学，十个到位

春华秋实，又一个新学年开始了。扎实做好开学的各项准备工作，体现了各级教育行政部门和各学校、幼儿园的教育基本功。2012 年我们就在贵州全省提出开学的准备工作要做到"十个到位"，要求教育行政部门和学校幼儿园仔细对照检查，确保有序、平安、和谐开学。

环境到位。联合公安、交通、工商、卫生等相关部门，开展学生到校交通状况（含校车）的监测，及时发布路况预警，杜绝交通隐患；检查校园内外环境的综合治理，排查校园内外饭店、商店、门诊、浴室等服务场所的经营和安全隐患，警惕校外流动人员和部分围墙残破带来的治安和安全隐患；搞好校园环境卫生和校园文化建设，营造新学期的新气象。

校舍到位。仔细检查教室、宿舍、实验室、文体活动场所、教师办公室、学生社团办公室、学生活动场所和信息化等各类机房、供暖、供排水的准备情况，确保室内设施设备完好、齐备、干净、整洁。

教师到位。要确保科任老师以及行政、后勤、保安、校医等教职员工到岗到位。重点关注特岗教师的生活、工作条件的到位情况及其思想状况。让全体教职员工以饱满的激情和昂扬的状态投入到新学期的工作中。

课程到位。严格按照教学计划和课程设置要求，开足开齐国家、地方、校本课程，关注音、体、美和科学等课程的开设情况；按照课标要求提前准备好教案，保证教学和授课有序进行；从 2012 年秋季学期开始，各学校要对新学期的每门课程编制《课程说明书》，简明扼要地阐述课程的学习目标、流程、主要知识点和重点难点，印发给家长和学生，指导学生的学习。该说明书不同于"课程标准"，是教师写给学生看的，表现的是教师对课程的理解和把握，传递的是教师的教学思路和要求。

教材到位。主动并提前与教材发行单位对接，确保课前到书。各地要认真检查到书的时间和数量；对照厅发书目检查教材的品种全不全、准不准；检查装帧等方面的质量情况。有任何问题及时与上级教育行政部门反馈。

膳食到位。确保食堂管理人员和操作人员提前到位，健康证等相关证件齐全、有效；确保食堂食材料足质鲜，杜绝饮食卫生隐患；确保食堂管理相关制度齐备并上墙，菜单及时公布；实施好农村营养改善计划，把好事办好，让山区孩子切实体会到党中央、国务院的关心和爱护。

学生到位。做好学生特别是新生的报到注册工作，对未按时报到的学生，要及时与其家长联系和沟通，严格控辍保学；做好转入、转出学生的登记备案工作，完善转学手续；关注学生身体健康，全面体检，及时掌握学生的健康状况；重视学生的心理健康，了解其精神面貌和思想动态，针对性地开展思想工作，促使学生尽快收假收心，安心学习；校（园）领导要深入每一个宿舍检查学生生活起居的准备情况，铺的、盖的、吃的、穿的、用的都要看看，确保一切就绪。各个学校要印发《校园生活指南》，站在学生的角度，对学生在校的生活和学习进行路线图式的指导，使学生尽快掌握和了解校园生活和学习的程序步骤、绿色通道和注意事项及学校相关设施的操作规范等。

收费到位。加强对新学期收费情况的检查，回答"收没收""收什么""收多少""为什么收"四个问题；严格执行教育收费公示制度，将新学期的收费项目、收费标准、收费依据（批准机关及文号）、收费范围、计费单位、投诉电话等向社会张榜公示，接受社会和家长的监督，坚决杜绝教育乱收费问题。

安全到位。强化校（园）安全意识，重点关注交通安全、校园出入安全、学校设施安全、学校秩序安全、食宿安全、消防安全、师生财物安全和师生心理健康等，营造安全、和谐的校园氛围。安全不保，何谈教育！认真落实校（园）安全第一责任人制度。

宣传沟通到位。积极主动向社会和家庭宣传国家和省内的教育改革发展思路，宣传校（园）取得的成绩和改革的新变化、新气象，赢得更多支持；推行"家校一体"的教育思路，把家长委员会建设落到实处，加强与家长的沟通和协调，让家庭成为"共同教育"的正能量；强化教职员工的主人翁意识，不断提高学校民主化管理水平和育人队伍的整体素质；创新针对学生特别是新生的宣传，用生动活泼和喜闻乐见的方式，广泛宣传学生行为准则和《校园生活指南》，使学生尽快融入集体，投入学习。

谁输在了"起跑线"上？

每到 6 月，高考的话题总是街谈巷议的热点。有人赶考，有人弃考；有警察轻骑护送，有家人协同作弊；有状元意外花落他校，有作文题目惨遭吐槽；有考好了的，有考砸了的；有兴奋的，有郁闷的，还有疯狂的家长把监考老师打了的……五花八门，不一而足。高考宛若"世情图"，浓缩了世事沧桑、人间百态，有万千宠爱，也有万千责难；有万般欣喜，更有万般无奈。高考是社会现象的观照，更是教育现状的缩影。今天，高考对个人前途命运、社会治理结构和民族生态延续的深刻影响和巨大改变，使得人们不得不反思，以高考制度为集中代表的现行教育体制，到底出了什么问题。

该出思想和人才的大学，既出不了多少人才，更鲜见独特思想，充其量只是出了些"精致利己主义者"；本应青春飞扬，尽情生长体魄、弘扬个性的高中，只剩下了一个主题词：考试，应试教育将学生培养成考试工具的弊端在这里登峰造极；喊了十多年的素质教育，在小学和初中，不是异化为音、体、美的标签，就是"挂羊头卖狗肉"式的自欺欺人。不要谈践行，甚至连什么是"素质教育"都还停留在众说纷纭阶段；"不能输在起跑线上"的良好愿望，绑架着学前教育，罔顾最基本的幼儿成长和教育规律，走上了"小学化"的不归之路。可以这样说，从幼儿园到大学，政府投入大量人力物力，学生花费数十年美好光阴，恐怕也难以收获正常和理想的教育。

西方发达国家的教育，虽各有特点和侧重，但以人为本，以学生自身的快乐与发展为基本追求的目标却是一致的。我们的教育，恰恰是在这些根本的目标和追求上发生了偏差。比较中外不同学段的教育，不难看出，学前教育在各个学段中，是差距最大、反差最明显的。一些境外教育人士参观过我们的教育之后都表示：不敢走进幼儿园——看到孩子们小手背着，端端正正地排排坐；看到孩子们手牵手排着队去上厕所；看到做错了事的孩子，在同伴们面前接受老师的训斥；看到孩子们会做算术、能背唐诗、认得外文……真让人有种说不出来的难过。

有一个在网上广为流传的故事：1968 年，美国一位妈妈状告当地幼儿园，认为幼儿园教会自己 3 岁女儿 26 个字母后，孩子再也不能将"O"说成苹果、太阳、足球、鸟蛋之类的东西了，幼儿园应当对这种扼杀孩子想象力的后果负全责。那场官司，家长打赢了，并导致内华达州修改了《公民教育保护法》。原来教会幼儿园的孩子认字，在有些国家竟然是违法的事情。

在德国等国家，幼儿园的孩子们要去警察局，学习辨识和对付坏人；去消防局学习避险和逃生；去商场学习消费和购物；去市政府认识市长和议员。在北欧如挪威等国家的幼儿园，从不给孩子上任何知识课，也从不要求所有的孩子做同一件事情。孩子到幼儿园就是玩、做游戏，在玩和游戏中了解一些文化和传统，懂得文明与礼貌，在玩和游戏中亲近大自然，认识大自然，享受大自然。

再来看看我们的学前教育，虽然教育部三令五申，强调纠正幼儿园小学化倾向，可基层幼儿园依然我行我素，"矢志"要把更多的知识和本领交给孩子。汉语拼音、英文字母、唐诗宋词、书法绘画、吹拉弹唱、算术手工、南拳北腿，恨不得十八般武艺，样样都会；孩子们在幼儿园，甚至是托儿所，学到了很多知识，却唯独没有学习如何认识自己、认识他人，如何孝敬长辈、礼貌待人，如何感恩社会、亲近自然。学习了知识，丢掉了智慧；学习了技能，忘记了做人；存贮了记忆，丧失了想象；掌握了经验，远离了创新。孩子们不是输在了"起跑线"上，而是被扼杀在了"起跑线"上。

想象力比知识更重要，这是爱因斯坦的结论——"因为知识是有限的，而想象力能概括世界上的一切。"2010年的一项调查显示，在21个接受调查的国家中，中国孩子的想象力倒数第一。一个孩子的想象力倒数第一的民族，如何自立于世界民族之林？高考之病，教育之殇，是不是真的源自学前教育，源自那句"不能输在起跑线上"的伪命题？教育人真应该好好思考一下了。

学前教育发展的贵州路径

　　贵州省 2012 年提出的学前教育"123456"新规程，包括一个目的：健全人格，启迪智力，促进幼儿身心健康发展；二个原则：保育为先，游戏为本；三个到位：人员到位，安全到位，经费到位；四个严禁：严禁推荐和组织征订各种幼儿教材和教辅，严禁教授小学教育内容，严禁以举办兴趣班、特长班和实验班等小众班、"占坑"班为名，进行各种提前学习和强化训练以及超出规定的信息登记，严禁一切形式的小学入学考试；五个提倡：提倡就近入园，提倡公益普惠，提倡个性发展，提倡关爱弱势，提倡家园协作；六个学会：学会微笑，学会观察，学会说话，学会交友，学会家务，学会感恩。其中，"五个提倡"是新规程中最具创新意义的内容之一。

　　作为基础教育的重要组成部分，学前教育不仅是国民教育的基石，也是漫漫人生的起步。人们常说"三岁看大，七岁看老"，可见幼儿时期的教育对人的一生影响之大。对于教育本身而言，今天所有的不足和困惑都可以在学前教育中找到端倪。教育改革与创新，自然应该从学前教育开始破题。

　　学前教育应该提倡什么，反对什么，不同的民族和地域，在不同的历史时期，有着不同的选项和认知。有教育工作者抱怨，教育是一个"谁"都可以批评和建议的行当，此话不假，因为教育与每个家庭有关、与"谁"都有关，所以"谁"都想发表一些看法、提出几点意见。"教育小孩子嘛，谁不会？"面对学前教育，貌似谁都有一大堆"正确"的道理。2012年贵州省准备提出发展学前教育的"五个提倡"时，我们从社会上征集来的建议和期望就有五六十个。

大家觉得，学前教育应该有宽敞的幼儿园，应该吃、住、玩配套；应该有合格的教师，男女性别年龄搭配；校车要安全，膳食要合理，玩具要现代，班额不能太大；要有科学的保教计划，最好有艺术氛围；应该有点中国风格，体现传统文化……面对令人眼花缭乱、似乎都有道理的诉求，如何选择？"五个提倡"，凸显了贵州省发展学前教育的思想和理念。

在结构布局上，提倡就近入园。我们希望每个生活小区、居民点都有幼儿园。就近入园，家园一体，园是家的延伸、拓展，家是园的归宿、依托；在空间上要创造"生活即教育"的格局，努力践行陶行知先生"生活即教育"的思想。

在建设和运转费用上，提倡公益普惠。政府应该在所有生活小区和居民点，直接投资或引导、组织投资兴建规范的幼儿园。园内不必奢华，园外体现亲民。尤其是公办幼儿园，既然是家的延伸，就要平实、温暖、体贴，反对高高在上，反对考试选拔，反对身份歧视。

在保教方针上，提倡个性发展。强调承认禀赋、接受差异、因材施教，尊重和保护孩子的个性，把个性的发展视为人的全面发展的基础和标志。推崇这样的教育思想：没有个性的人必是少有创新的人；没有个性的人必是人格欠缺的人；没有个性完整的个体就不可能有全面发展的群体。在学前教育中，大力推行小班化和"一对一"的差别保教，反对让孩子们在同一时间、同一地点，做同样的事情，反对教室的课桌椅像小学一样成行成列摆放。

在弱势群体保护方面，提倡关爱弱势。特别关心、关注进城务工人员子女、留守儿童、残疾儿童等；认真落实"两个为主"的精神，为弱势群体子女提供更好的保教条件；鼓励民办幼儿园在厂矿、乡村和工业园区办园，政府对这类幼儿园给予补助和奖励。关爱弱势体现的不仅是教育的普惠、普及，更是构筑社会公平与良心的底线。

在家校关系方面，提倡家园协作。在强调家园"物"一体化的同时，更重视家园"人"的一体化。在人们普遍把教育视为学校和教育工作者的专利时，往往忽略了家长才是孩子的"第一老师"。教育的第一责任区不是学校，不是社会，而是家庭。家长的言传身教、家庭氛围的潜移默化，对幼儿身心健康成长的影响，远胜过教师和校园的作用。没有家长参与和配合的学前教育，必定"瘸腿"，走不了多远；家长和教师是幼儿教育成长的双翼，缺一不可。因此，我们把家园协作确定为幼儿园工作的基本程序和规定动作，定期督察，务求实效。

学前教育应该提倡什么

学前教育虽然还没有纳入义务教育范畴，但由于它在整个教育体系中的启蒙与奠基作用，自然成为国民教育的风向标，集中而简易地反映了一个地方的教育思想、理念及其价值取向。

一种重视分数、评价手段单一的教育，必定以为任何事物都可以量化，可以考核和测试，从幼儿园开始就将考试和背诵等同于知识和能力；一种迷信经验，辨不清知识和智慧关系的教育，必定以为知识与成功"正相关"，相信"学得越多越成功"，从幼儿园开始就进行填鸭式教育，恨不得将幼儿园变成小学；一种在乎输赢，把世俗成功当成人生目标的教育，必定以为人生就是一场比赛，从幼儿园开始就教孩子没有伙伴、只有对手，没有人生、只有竞争；一种相信人才不是来自实践而是出自校园的教育，必定以为人才可以通过考试选拔出来，从幼儿园开始就用"小红花"之类的选拔机制，把人分为三六九等；一种害怕创新，不敢越雷池一步的教育，必定以为教孩子听话、多学点知识就是好的，从幼儿园就要求孩子背好手、坐整齐，多听话、少瞎想，多读书、读死书；一种远离多元，喜欢整齐和规范的教育，必定从幼儿园开始，就要求所有孩子在同一时间、同一地点，做同一件事情；一种漠视规律，不承认人有先天禀赋差异的教育，必定从幼儿园开始就只知拔苗助长，而不知因材施教；一种追逐功利，关注产出的教育，必定从幼儿园开始，就把孩子早早"赶上"追名逐利的"战车"……

一种没有温度，欠缺人文关怀的教育，必定不懂得，好的教育尤其是学前教育，应如贵阳夏天清爽的空气，热度、湿度、速度、纯度合适，不冷不热、不燥不湿、不疾不徐、温和中庸、弥漫时空、无处不在，润物无声、普惠众人，可以感知、可以互动、可以嬉戏，在以人为本的关怀中，包裹着、陪伴着、衬托着、引领着孩子走上人生之路。

教育真是千头万绪，说不尽、难道明。教育创新，该如何破题？高等教育的创新无疑需要政府在行政体制改革的基础上发力，没有高考制度的顶层设计，基础教育的创新之船也很难驶出港湾。只有学前教育，或许还有留给地方发挥的空间，可有所作为。

2012年，我们提出了贵州省学前教育"123456"新规程，力图给地方学前教育发展提供一条新的路径。

"一个目的"，即健全人格，启迪智力，促进幼儿身心健康发展。我们以人的全面发展为目标，并且把人格的健全放到了启迪智力的前面，以表明我们的教育思想——学校教育从幼儿园开始，不应把智育放在首位。

"两个原则"，即保育为先，游戏为本。通常的提法是保教并列，保育、教育缺一不可。我们有意弱化"教"字，同样是彰显改革创新的立场，强调幼儿园就是孩子们长身体、健人格，玩耍、嬉戏的场所，把教育特别是课堂教育还给小学。

"三个到位"，即人员到位、安全到位、经费到位。任何事业都要依靠人去推动，改革创新更是如此。基层幼儿园之所以"小学化"倾向屡禁不止，原因很多，缺乏合格的幼儿教师是其中一个很重要的因素。不能拔苗助长，还游戏与快乐给孩子的童年，这个道理大家都懂。但是针对不同年龄、民族、地域和性别的孩子设计出不同的游戏，并且带领他们一起玩耍，不是一件简单的事情，需要有良好的心态、专业的训练和综合的素质。在推行学前教育三年行动计划的今天，幼儿园数量大幅攀升，幼儿教师尤其是合格幼儿教师短缺的问题，必定长期存在；幼儿园男教师的数量，也不会在短期内有较大提升。因此我们提出，在城镇以上的幼儿园，两年内均需配备一名男教师。除了教师短缺问题，安全和经费问题也是当前学前教育健康发展的重要制约因素。没有这两个方面的妥善保障，一个地区的学前教育恐怕走不了多远。

"四个严禁"，即严禁推荐和组织征订各种幼儿教材和教辅；严禁提前教授小学教育内容；严禁以举办兴趣班、特长班和实验班等小众班、"占坑"班为名，进行各种提前学习和强化训练活动，以及超出规定的信息登记；严禁一切形式的小学入学考试。"四个严禁"来源于教育部的相关要求，又针对实际增加了新的内容，回应了群众对义务教育择校和公平问题的强烈诉求。

"五个提倡"，即提倡就近入园，提倡公益普惠，提倡个性发展，提倡关爱弱势，提倡家园协作。

"六个学会"，即学会微笑，学会观察，学会说话，学会交友，学会家务，学会感恩。

在幼儿园，学会什么和不该学什么

为纠正幼儿园教育"小学化倾向"，各级教育部门三令五申，禁止这样，不许那样，但幼儿园应该怎么办、怎么教、教什么，却语焉不详。长期以来，我们习惯于要求基层不能做什么，不该做什么，却不明说应该做什么，应该怎么做。只见止禁，未见行令。只说不能、不该，而不给具体的指示和导引，于是下面不知所措，只好惯性而为，维持现状。

2012 年，贵州省提出幼教"123456"新规程，旗帜鲜明地在全国首倡"六个学会"，及时全面地回答了幼儿园杜绝"小学化"倾向之后如何教、怎么办的问题。

学会微笑。科学研究表明，微笑的表情不仅可以对他人产生积极友善的暗示，改善、优化人际关系，而且还能促进自身的身心健康和智力水平提高。我们要求幼儿园教师把微笑作为习惯来养成，见到人要马上微笑，开口前先微笑，进入一个房间或面对新的人群、环境前用微笑引领自己。在不同的年龄，推行"微笑操"，在幼儿园学，离园后练。

学会观察。任何伟大的科学发展都起源于对细微事物的好奇。没有好奇心，就没有人类对自然奥秘的不断探索和研究。可以说，好奇心是人类进步和创新的动力。连接好奇心与周遭社会的，就是观察。没有细致敏锐的观察力，任何人的好奇心都无法持续，更不能结出科学认识的真理之果。现在，孩子们认识世界，大多是通过长辈、书籍、电视、电脑、手机等介质，直接观察的冲动和机会越来越少。欠缺观察的人生启蒙，让孩子感受不到自然的活力与馈赠，体会不到人间的真情与关爱。这样的人生，恐怕更多的是冷漠。观察训练是幼儿园启蒙的基础。早晨起床时自己第一眼看见的是什么，周围的人穿的是什么衣服，天气如何，上学路上看到了什么，幼儿园的环境有什么变化，哪个同学最精神，老师开心吗……从这些细微处，培养和巩固孩子的好奇心和观察力。

学会说话。人一出生就开始咿呀学语，可往往终其一生也没能把话说好。不是辞不达意、不知所云，就是言不由衷、传播失真，该说的没说，不该说的说了一堆。古今中外，因言成事者有，因言获罪者也有。良言一句三冬暖，恶语伤人六月寒。幼儿园要组织孩子逐步学习和体验说话的技巧，有体验才会有真情实感。

学会交友。教育的本义在于实现个人从"生物人"向"社会人"的转变。"社会人"基本的特征是：他不是一个人存活在这个世界上，与其发生联系的，不仅有自然界，更有他的父母家人、亲戚朋友、同事伙伴等。幼儿园是孩子认识世界的第一个窗口，应让孩子先学会与小朋友相处，懂得关爱和妥协，懂得感恩和付出；应引导孩子合理表达自己与他人相处时的内心感受，养成阳光的性格；应鼓励孩子主动帮助他人，善于发现他人的闪光点。

学会家务。家务劳动应该是最便易的习惯养成。孩子们学会家务劳动，可以为父母家人提供一些家务服务，也可以向父母表达感激和敬意。在家务劳动中，孩子们不仅收获了技能和习惯，还建立了良好的亲子关系，树立了正确的人生观。幼儿园要结合园内实际和孩子的体能状况，因地制宜、因时制宜地开展家务劳动练习。

学会感恩。人在这个世界上生活，就是不断接受自然界和他人恩惠、帮助的过程，也是不断地为自然和他人付出的过程。这就是人与周遭的关系，我们既得益于周遭，又反过来给周遭以影响。这种影响可能是正能量，也可能是负能量。正能量是鼓励，是温暖；负能量是破坏，是伤害。是否是正能量，在于我们有没有心怀感恩地接受周遭的馈赠。感恩之心将决定你回馈给自然和他人的是正能量还是负能量。从小传播正能量，就是要培养孩子的感恩之心。

孩子们如果学会了微笑，学会了观察，学会了说话，学会了交友，学会了家务，就明白了自己与自然、与家人、与他人的关系，就知道在这个世界上，谁也不是孤立存在的，与周遭的人和物都要和睦相处，互相感恩，如此，孩子才会有更圆满的人生。

第 2 章

从责任入手，区域均衡是关键

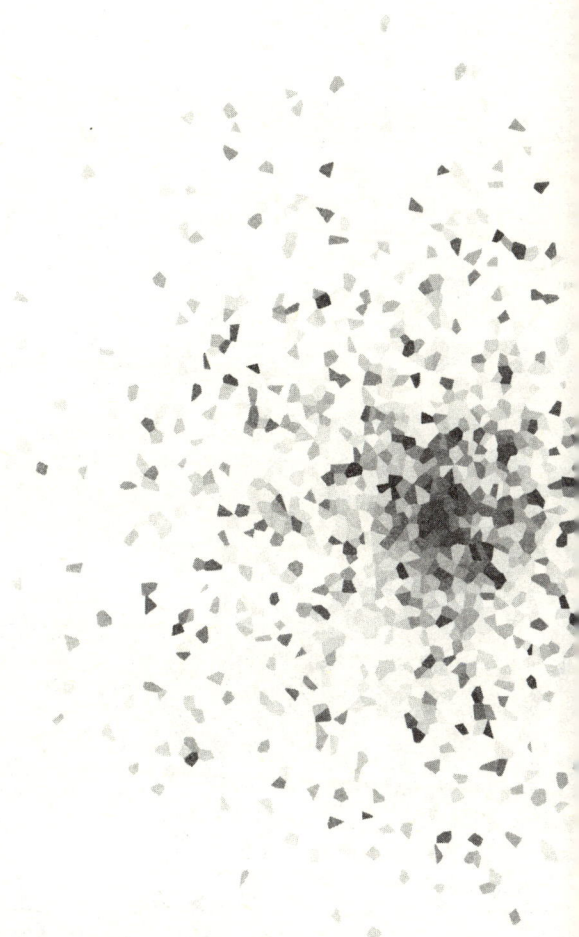

校长责任的边界在哪里

如今的校长常常感慨："全社会关心教育，可学校却'办'了全社会。"

为了不折不扣地推行学生营养餐计划，学校开起了自办食堂，让每一分钱都干净地吃进学生的嘴里。因此食材的价格、质量和卫生状况，校长是第一责任人。为了让学生和家长安心、放心，一些基层校长甚至自己充当起采购员、质监员、炊事员，每天为柴米油盐操心。

学生在校园内发生意外事故，生病、打架斗殴、受伤、致残，甚至死亡，学校有责任，校长担主责。学校设置了警务室、医疗室、心理保健室，校长还要充当保安员、卫生员、保育员。就连在校外发生意外，校长也要主动担当，慰问、安抚，做诸多协调、交际工作，甚至承担起经济和行政上的双重责任。一些失学、厌学，由于种种原因长期游离于学校之外的学龄儿童，一旦发生重大意外或参与突发事件，学区内的学校也脱不了干系，校长往往要承担全部责任。

搞基本建设，校长是施工员；抓校车规范，校长是交通员；跑上级，跑社区，跑外围，跑家长，校长要成为交际员、宣传员、信息员、服务员；学校的管理还需要校长是物管员、收费员、环保员。这员、那员，就是当教员的时候最少。所以，最近很多地方要求校长重返讲坛，再进教室，校长最该关注和主持的应是教学，是学生们的学习。但在现行机制下，校长们真能静得下心来，抛开俗物纷扰，重回书斋吗？答案恐怕是否定的。

现代学校的确与旧时书斋不同，与周遭的关系更密切、与社会的联系更紧密，当代校长也确实需要承担更多的责任。问题是，这份责任多到什么程度才合适，难道真像校长们口中调侃的那样，是"无限责任"吗？

对于学生和学龄儿童而言，学校与校长的责任有无边界？一个学生因个人原因意外伤亡，校长可能被免职，学校可能因赔偿而破产；一场食品意外，哪怕是疑似的、传说的，也会让完全不懂食品质监的校长，如惊弓之鸟，惶惶不可终日。似乎只要沾上学生的事，学校和校长就有责任。校长们抱怨，没有时间和精力去研究和管理教学，校长的N多个"第一责任人"，与校长的职业素质与要求关系不大，甚至毫无关系。要求一个"门外汉"承担专业性质的责任难免苛责。一些校长甚至萌生退意，辞职走人。

校长责任的无边界，正是政府教育责任无边界的反映，无限夸大学校的育人功能和教育部门对培养接班人的责任。全民受教育，人人进课堂，似乎要求每一个人只要进入学校，就必须成为有用之才，起码要遵纪守法；似乎每一个人只要在学龄阶段没有待在学校里就是教育部门的全责；似乎每一个人只要过了入学年龄，做了好事则算了，做了坏事就要归咎于教育，要"找教育部门好好反省"。似乎有了教育部门，就不再需要公检法；有了学校，就可以把监狱全部拆掉。虽然我们相信多建学校，必会少建监牢，但学校永远取代不了监狱。这是人类社会的基本特点之一。

寄予学校莫大的期望，把学校建成学园、家园和乐园，要求校长无所不知、无所不能、全面负责，把每一个孩子培养成完人，是教育应有的远大理想。但人的成长、成才有其内在规律，是一个复杂的系统工程。教育部门和学校只是其中的一个因子，或许是其中最重要的环节，但绝不是全部。政府的每一个部门、家庭和社会都不可或缺。

例如，学校的食品安全应由食品安全部门具体负责，流浪失学儿童应当先由民政部门予以救助。校长应该代表学校监督有关部门履行好上述职责，而不是代行这些职责，更不应因这些本该由政府或社会部门承担的工作没有做好而被问责。

学校承担大部分知识和技能学习的任务，不能也不该是教育的全部。对于传承文明、教育后人，政府、社会、家庭和学校各有分工，各有责任，应各司其职。该由政府管的归政府，该由社会办的归社会，应是家庭父母承担的责任，学校也不越俎代庖。合理、科学地规定校长的职责，让校长不要再为与教学无关的事而提心吊胆、担惊受怕，把校长解放出来，放心、安心地去抓教学吧！

义务教育的质量不只是分数

2013年央视开学第一课，讲的是中国梦。中国梦是每一个中国人的梦。虽然梦想有大有小，有远有近，但任何梦想的实现都需要有一定的本领和能力。义务教育，是每个人掌握和具备这种本领和能力的第一步。按照现代教育的设计，九年义务教育下来，一个"生物人"已经基本完成向"社会人"的转化过程，可以独立地行走于天地间，做一些自己想做的事了，比如去完成一个梦想。但有的人九年义务教育下来，不会设计梦想，抑或根本就没有梦想；也有的人虽有梦想，梦想也很切合个人成长阶段的特征和时代要求，却没有能力去完成。这正是义务教育质量的问题。没有质量做保证的教育，不仅难以教会孩子应有的本领和能力，而且还会误人子弟，简直就是罪过。

2011年，时任贵州省委书记的栗战书在贵州一个边远的山区农户家过年，看到农家孩子写的春联，14个字中错了5个，十分忧虑。从那年起，全省教育部门、各个学校又再一次把教育质量工作提到前所未有的高度大抓特抓。《国家中长期教育改革和发展规划纲要（2010—2020年）》长达2.7万字，归纳起来也不外乎四个字：公平、质量。质量是教育的生命线。那么，我们一直在探索的教育质量是什么？教育质量如何体现、如何衡量、如何评判、如何提高？

教育质量是学生的分数吗？是，又好像不是。是的话，就不会有死读书和高分低能的说法；是的话，教育改革发展就不艰难了，人才的甄别、考试就能完成。如果不是的话，那是什么？现在各地各校在讲到学校办得好坏，教师教得好坏，学生学得好坏时，不都还是在以分数为标杆吗？就在我们最新的改革方案中，也只是将百分制的分数评判，改为 A、B、C、D 四个等级。这样改，还是把人分成三六九等，这种技术性分层和区别，还是会带给学生自尊心和自信心的伤害。

说到底，教育质量是教育目的和目标的体现。义务教育面向全体国民，帮助一个人掌握走向社会、与人和自然打交道的基本功。这个基本功包括识字、算术、思辨和逻辑，包括对自身和他人的认识，包括对自然和历史的了解，甚至还应包括某些具体的技术和能力。但是，共 10 万之巨的汉字，认得四五千，对一个初中毕业生有什么意义？会不会演算微积分、知不知秦始皇的生母名、懂不懂爱因斯坦的相对论，对一个初中生的人生能有多大意义？义务教育的质量应该是一个有着具体内涵和外延的东西，既可以考核和提高，又无须盲目扩张和拔高，应与社会现阶段对孩子的期望和需求相当。

今天的义务教育已经足够"成熟"，成熟到所有科目的教学目的、教学手段和教学成果，都是大批专家多年研究的成果；每门课程的设计，从破题到讲解、作业、辅导、考试，都精心设计和组织，以求得最优的教育教学成果。各地也常常对地区、学校、教师、学生进行排名。分数年年在提升，我们却不敢说，如此精致和标准化的教育过程，真的就实现了我们对教育质量的追求了，真的就把先贤和前人宝贵的精神财富传承了，真的就给了孩子们一套可以行走于天地间的本领和能力了。教育质量为过度教育的浮夸内容所绑架，为脱离实际的考试分数所蒙蔽，盲目增加难度和广度，以为越是少数人才掌握的知识点就越代表高质量，以为越是掌握了平日里用不上的生僻知识点，就越表明质量高。把质量等同于分数，把提升质量等同于加深难度。重视质量、提高质量完全成了应试教育的通行证。在这种"质量"的大旗下，多学、死学理所应当，减负反倒成了笑话。

质量不摆脱分数和虚荣浮夸的阴影，义务教育也就难以摆脱应试教育的桎梏。素质教育喊了很多年，总是雷声大雨点小，基本上没有什么实质性进展，这应该是一个十分重要的原因。质量是什么，评价质量高低的标准是什么，这些问题阻塞和困惑了义务教育的改革之路。没有新标准的确定，分数就将永远高坐在教育教学的评判台上。不把分数请下评判台，义务教育教学的改革永远找不到正确途径，教育教学质量也永远难有科学定义。

教育：让社会层级能够正常地流动

　　每个人都生活在各自相应的社会坐标系中，那么，社会层级的位置由哪些因素来决定呢？首先是出身，其次是相貌、体格、性格等。除去这些与生俱来的因素，外在的因素诸如地域、气候、时令也会对人的层级位置产生深刻的影响。当然，所有这些因素都要通过一种我们称之为国家的机器来运转和配置，虽然国家本身既是个人分层的因素之一，同时也是全球分层的结果。

　　当把目光投向客观因素之外的东西，而聚焦人们更为关注的有关人的奋斗与感情等主观因素时，不难发现，为了人类更好地繁衍、生存，必须鼓励个人奋斗等相对主观，而又可以通过自身努力予以改变的因素，必须在分配中对个人奋斗等给予特别的制度安排。战争与教育，就这样应运而生，走上了人类历史的大舞台。

　　出生即在高层级的，会努力保持住这种优势；出生位于低层级的，就要不断奋斗争取提高层级。因为层级的高低决定了获取资源的多寡。这是人的天性，也称之为对美好生活的向往。武士可在战争中奋力一搏，重写历史；其他的人也会想尽一切办法，努力提升各自在社会层级中的位置。读书就成了成为武士之外，更多人的选择。从"学会文武艺，货与帝王家"，到"书中自有颜如玉，书中自有黄金屋"，教育从它第一次大规模地走入人间、走入人类社会，就从来不是单纯地传授知识、普及学问那么简单，更和什么"启迪""点燃""激发"之类的新概念相去甚远。由于教育在影响和改变分配结果的过程中，比战争要来得平和许多、柔软许多、人性许多，受外界客观因素的影响又小许多，各个社会层级的人们就更易接受。随着文明的深入发展，人们越来越厌恶战争，而喜好教育这种再分配机制。

社会系统遵循宇宙公律，越是上下层级能量交换频繁有序的系统，就越稳定越和谐。反之，上下层级固化，缺少流动和交换，就越不稳定，越可能出现破坏性的、强制性的层级异动，爆发革命，发生层级间能量的恶性击穿。在规律面前，没有什么社会可以例外。古代科举制度在社会层级流动中虽然起了很小的作用，但却以四两拨千斤的意义极大地延长了家天下的统治。

和平的国度、稳定的社会治理结构，使奇迹的发生率降低。今天，想立军功憾无战场，一夜暴富难有可能，只有寒窗苦读，或能一举成名，"咸鱼翻身"。教育从来没有像今天这样深刻而广泛地影响和支配着社会资源的再分配。这也是为什么教育的一举一动牵动着全体国民的心，教育的每一项改革都会在全社会引发持续的反响。教育不单单是行业工作、部门事务，它切实关系到整个社会资源再分配的公平与正义，关系到整个社会层级间的正常流动和信任，关系到整个社会的良性稳定与和谐。

近些年，高考让一些学生产生了畏难情绪，逃避高考的冲动悄然滋生。家庭条件较好，不参加国内高考，直接出国读高中、上大学的学生人数逐年增加。由于文化和世界观的差异，这些在国外接受高中教育的"小留学生"，基本上难以回国服务。同时，一些农村学生因为难以考入理想大学而自动放弃高考，提前加入到外出打工的大潮。所以《人民日报》评论说："教育公平是社会公平的底线，农村孩子弃考传递出一个信号——底层上升通道受阻，社会阶层固化趋势加剧……"

　　不能不说，最高决策层已经注意到教育的这一基本属性，开始从更本质的角度干预教育改革与发展，以期教育这个社会资源再分配机制的作用得以良性发挥。

为什么要教育均衡

在义务教育阶段，人民群众对教育公平的期望和要求，往往比质量要求更迫切、更直接。

东西部之间，人口向东部流动，一是为了挣更多的钱，二是为了孩子可以在流入地读书求学。城乡之间也是如此。相当一部分家长背井离乡，艰难地栖身城镇或中心城市，只是为了能让下一代享受到城里的教育。对教育不公的控诉，在城乡二元结构日益冲突的今天愈演愈烈。

然而，在东部学生的家长看来，义务教育的不公不仅存在，而且更甚。择校和补课大军的队伍"绵延不断"就是明证。为什么择校？因为不公！学校是政府用纳税人的钱建造的，大家都是纳税人，凭什么你的孩子可以在好学校读书，而我的孩子就不可以？要去好学校，大家都要去；去不成，就是教育不公，就有意见。去了好学校还要择师。老师总有优劣，凭什么你的孩子在好老师的班，而我的孩子去不了？实在是择不了校、择不到师，那么"堤内损失堤外补"，就找好学校的好老师课余来补课。于是补课成为义务教育中一道无法言尽的"风景"。

相较于课业负担过重、教辅材料泛滥、素质教育式微和教学质量不高等义务教育中的其他问题，人民群众对教育不公平的意见更大。

教育是最大的民生。东西部之间、城乡之间、学校与学校之间教育资源分配不均衡，造成了教育不公，因此教育主管部门提出要在全国范围内推行义务教育均衡发展。

教育作为上层建筑必定要在经济基础上构建。东部经济社会发展远高于西部，东西部之间教育资源分配不均衡问题的解决，必然要依赖东西部经济社会发展水平均衡的实现。在一定的历史时期内，这种均衡应该很难达到，甚至在省域内，中心城市与一般城市、边远地区的差异，也很难在一定时间内消除。现阶段我们只能寄希望于以县为单位，实现义务教育均衡发展。

教育部已在全国范围开展义教均衡县的评估验收，并为此提出了系统详尽的评估项目和标准，要求学校符合办学标准，办学经费得到保障，基础设施和教育资源配置均衡，国家规定课程开齐开足，教师整体素质均衡合格，基本消除"大班额"。这一要求又细化为 8 项具体指标：义务教育生均教学和辅助用房面积、生均体育场馆面积、生均教学仪器设备值、每百名学生拥有计算机台数、生均图书册数、师生比、生均高于学历教师数、生均中级及以上技术职务教师数。不难看出，这些可以统计和量化的指标，就算毫无水分地全部达标，人民群众心中的教育不公之痛，依然无法完全消除。

择校的核心是择师。校舍和图书等硬件可以用钱复制，县域内达到基本均衡并非难事。但有血有肉、活生生的教师如何复制？让县域内每一个学校都拥有同等学识、技能和口碑的老师，怎么办得到？有人说，让好老师流动起来。且不说现有的社会环境，是否能支撑当前这种流动机制的落实和普及，就算好老师真的可以流动起来，人们就不担心南橘北枳？换了校风和氛围，好老师恐怕不但带不出好学生，反倒可能把自己成为好老师的素质和本领废弃掉。

当我们把好的教育，归结为经费、课程、设施设备和教师的名声，用可以量化的指标，打造标准化的学校时，我们就不得不承认，教育资源很难均衡，绝对的教育公平可能会成为一个无法实现的美好愿景。

均衡在哲学上并不是一个积极的目标。系统的进步和发展，动力就在于不均衡。讲公平，应该更符合人民群众对义务教育的期望。公平的教育不仅包含学校布局公平、教学资源公平、学段投入公平、课程设置公平、应试比重公平、教育成果公平，更重要的是教育机会公平和教育体验公平。后面两条才是教育公平的关键。

公平是一种主观的体会和感受，中国人自古有着"不患寡而患不均"的朴素平均主义思想。真诚、细心地照顾和体谅人民群众在教育机会和体验上的公平感受，让人民群众感觉到不论是东部西部、城里乡下，政府使用纳税人的钱所建的学校、所提供的教育，对任何人而言机会均等、感受相同，教育的公平才能修成正果。

义务教育是我们全部工作的出发点

《义务教育法》规定，义务教育实行国务院领导，省、自治区、直辖市人民政府统筹规划实施，县级人民政府为主管理的体制。学校的布局、课程的设置、教师的配备、教材的选用，这些决定义务教育基本成效的"大政方针"，基本都来自县级人民政府。各地是否认真贯彻落实中央关于大力推进素质教育的要求，努力实现教育公平，关键还要看县级人民政府是如何履行教育职责的。

县级人民政府对义务教育的主要任务、基本要求和改革发展方向的认识和把握，如果不清晰、不明确、不透彻，就必然带来实际工作中的盲目、僵化和偏差。

教育，特别是义务教育，既事关民生，又影响未来，既是人才大计，也是发展成果。把教育放在怎样重要的位置考量都不为过。但是，一些地方在对待教育上，依然是"讲起来重要，办起来次要，忙起来不要"，之所以这样，根子还是在思想上，即没有清晰地认识到，教育不仅仅是民生，更是我们党和政府全部工作的出发点和归宿。

党领导人民革命、建设、改革，为了什么？党领导人民建立人民政权，为了什么？无非一条：让人民生活得更好。而人民生活得更好的根本标志，就是孩子要好。在物质条件基本满足的今天，孩子怎么才算生活得更好，有书读、读好书，无疑是好生活的重要标志。

我们的一切工作，最后都要归结到孩子的幸福生活上来，归结到教育特别是义务教育的科学发展上来。一个地方，如果义务教育"缺斤短两"，装不下学生，或者留不住学生，将会直接影响当地人民的幸福指数，也直接否定了教育工作者在这个地方工作和奋斗的价值。教育没有搞好，经济发展了又有多大意义？教育有问题，一个地方的社会发展能够有什么进步和成绩吗？

住房制度改革以来，各地改造棚户区，改建城中村，兴建新城区，但有关房地产项目的教育设施配套问题，始终解决得不好。一些地方开发新建了不少房地产项目，却没有新增一所幼儿园、学校；一些居住着十几万甚至几十万人口的新城，只有几所规模不大的学校，远远不能满足需要。为此，教育行政部门多次建议，住建规划部门在审批和验收房地产项目时，应事先征询教育部门意见，比如没有按规定规划教育设施的不予同意立项，没有按规划建设完成教育设施的不予验收发证。但这一要求，往往受到很多阻挠。这里恐怕不能简单以利益驱动一概而论，缺乏对教育，特别是对义务教育的地位和核心作用的认识，才是问题所在。

不时有教师为待遇问题集体请愿罢课。遇到这种情况，一些地方领导大多不会反思是否是自己执行《教师法》和《义务教育法》不力，而是迁怒于教师，似乎教师就不能有个人诉求。在我看来，这不是一般的工作不力和劳资纠纷等人事待遇的问题，也不用怀疑这些领导在教师节大会上，把对教师的赞歌高唱入云的真诚和勤力，问题还在于，这些领导没有认识到教育在地方工作中的重要位置和特殊意义。

一段时间里，各种实验中学、实验小学、实验幼儿园充斥神州大地，甚至一个区县都可以有五六所实验小学。实验本意是创新、尝试，结果应该是不明确的，何以地方政府趋之若鹜？实乃中国的实验学校者，重点也。在国家三令五申不得设立重点学校、重点班，大力推进素质教育的今天，还是有那么一些地方领导不遵循教育规律，为了一己政绩，把义务教育逼上应试教育的不归路。这同样不能简单归结为工作能力和工作方法的问题。

县级人民政府在义务教育中的主管责任，决定了这一级政府领导的政策水平、执政能力，直接影响到义务教育的发展和创新。教育工作同经济工作一样，有其自身的规律和章法。有什么样的县域教育管理者，就有什么样的义务教育。地方领导应像对待经济工作一样，认真深入地学习教育管理理论，让县域教育管理直接服务于义务教育，成为义务教育深化改革、推陈出新的强大动力。

义教均衡，县级政府责无旁贷

义务教育是全社会的事情，但政府是第一责任人，做主导、负全责。尤其是县级政府，在现行教育管理体系中，对此负主要责任。实现以县域为单位的义务教育均衡发展，县级政府责无旁贷。

加强领导。各级政府特别是县级政府要将义务教育摆在优先发展的战略地位，坚持"均等、普惠"的基本原则，强化"提供均等教育机会、促进学生全面发展"的指导思想，不断完善推进义务教育均衡发展的政策体系、责任体系、监督体系。义务教育均衡发展工作必须摆上重要议事日程。各地要成立义务教育均衡发展领导小组，并由政府"一把手"亲自挂帅，教育、发改、财政、人社、编办等成员单位，均有明确的职能职责。根据与教育部签订的备忘录，地方政府要制定义务教育均衡发展的任务书、时间表和路线图，就近入学、电脑派位、控辍保学、减负提质等政策要准确易行，公之于众。要印发宣传标语材料，大造声势，广为宣传，营造全社会关心、支持义务教育均衡发展的良好氛围。

增加投入。"两基"攻坚之后，由于没有过硬的任务要求，地方政府投入义务教育的热情和动力有所下降。个别学校和教学点面临诸多困难，一些学校的教师、设备、图书、校舍等资源，都存在不同程度的短缺。义务教育学校的可持续发展，面临政府投入不足的瓶颈。办教育当然要花钱，在教育上花多少钱都不为过。地方政府，尤其是县级政府，要十分明确，义务教育是本级责任、分内工作，关乎民生也反映政绩，影响未来更关照当下。把社会财富更多地投入教育，是政府和社会成熟的标志。地方要大幅增加教育投入，建立和完善经费保障机制，坚决落实法定的"三个增长"。财政性教育经费占全省 GDP 的比例，公共预算经费中用于义务教育的经费具体是多少、占比是多少，都应该向社会公布。还要注意吸纳社会资金，兴教办学。广开教育财路，调动其他方面的财力，比如把农村税费改革中央转移支付资金和城市建设维护税的一定比例用于教育，夯实义务教育这块社会公平的基石。

推进改革。推进管办评分离，建立起政府主导管教育、学校依法办教育、社会机构独立评教育的新模式。树立"适合的教育才是最好的教育"的新理念，实施以高效课堂为代表的课改。科学规划学校布局，办好必要的教学点，实现 30 万人口县特殊教育学校全覆盖，提高三残儿童义务教育入学率。自主开发和购入、借用相结合，运用科学工具，进行学生学业负担监测。试点考试和评价制度改革，推动学生就近免试划片入学，新生零起点教学，家长委员会等家校共建新机制逐步完善。

带好队伍。落实"县管校用"的教师管理制度和校长、教师交流激励保障机制。按照"总量控制、城乡统筹、结构调整、有增有减"的原则，调整和使用县域内教职工编制，确保农村学校，特别是村小和教学点，以及城市薄弱学校的师资配置。编制确实紧张的地方，要想方设法改革教师编制制度，以"省定省管"的办法，用政府购买服务的形式，配足配好教师。职称评聘，向长期在农村基层工作的教师倾斜。农村教师聘用，不受职称结构比例限制，教师只要评上职称，就及时按职称聘用。改善待遇，对班主任给予更多关怀。创新教师补充、提升的绿色通道。大力实施西部特岗教师计划，推进各地因地制宜的教师补充机制的建立和完善。广泛开展教师交流和培训计划，拓宽交流渠道和形式，丰富培训内容和模式，切实有效地改变教师队伍面貌。

关爱学生。落实好国家学生营养改善计划。鼓励学校自办食堂供应午餐，惠及农村和寄宿制学生，实现以县为单位的全覆盖。温暖关爱农村留守儿童，建设好硬件"五有"、软件"五全"的农村"留守儿童之家"。学校的食堂、浴室、厕所和亲情视频聊天室等生活设施，尽量体现人性化设计，使孩子们"吃在学校解食忧、住在学校受关爱、学在学校长知识、乐在学校感幸福"。

确保兜底。政府要围绕"雪中送炭、抬高底部、倾斜薄弱、补齐短板"的要求，做好兜底工作。在资金、政策、人才等因素分配上，不是削峰填谷，满足低水平的所谓均衡，而是努力保障教师、设备等资源配置符合省定标准。

均衡发展，重点和难点在农村、山区和贫困地区。这些地方，学生的宿舍、食堂、厕所、浴室、饮水设施、取暖设备等教学和生活设施，以及教育信息化、教师合格化等，必须是政府关注的焦点。

随迁子女教育事关社会发展大局

在中国，随迁子女这样一个群体的教育问题，不仅仅是这些学生个人的事情，还牵涉他们的家庭及其所辐射的各种社会关系，进而影响整个群体的教育生态和未来风貌。伴随着城镇化进程的推进，随迁子女的教育将逐步成为一个事关全局的重大社会问题。

随迁子女的大量涌现，是社会文明进步的表现，不用惊慌，也不用去"围追堵截"。一个社会文明进步的重要标志之一就是人民群众的自由迁徙权。目前国家正在大力推行的"居住证"制度，就是为了要逐步落实自由迁徙权。随着社会的发展，迁徙的人数会越来越多，迁徙的原因也会多种多样。因为异地求学、就业离开故土；因为气候、文化不适远走他乡；因为赡养老人、抚养孩子选择新的栖居地；甚至只为"世界那么大，我想去看看"而背井离乡……将来，一生都只守在一个地方的人，可能成了少数，甚至是极少数，那时随迁子女就是普遍现象。而今天我们关注和忧虑的、相对弱势和困难的随迁子女教育，将来会是教育的常态。

随迁子女教育的特殊性，来源于经济社会发展的阶段特殊性，这应该是暂时的、可以逐步消解的。由于城乡教育的客观差距，以及"家长的陪伴就是孩子最好的教育"的理念的普及，越来越多的进城父母，选择把孩子带在身边接受基础教育。例如，某省有500万人常年在外居住，这500万人多是盛年劳动力，正处于生育年龄段。如果按两人有一个孩子来计算，该省"父母双空"的留守儿童应该有250万，实际只有100多万。那么这剩下的100多万去哪里了——多数是跟父母在一起。把孩子带在身边接受教育，是好事，是家长教育素养提高的表现。问题是，当前人民群众的迁徙基本按市场规律展开，配合各地城镇化的脚步，涌向经济社会较发达的城镇；而教育资源的配置却沿用计划经济的套路，按户籍人口规划和分配，原本就没有为非本地人口预置资源，哪里有学位接受计划之外的随迁子女？还有一些地方不重视教育，连本地人口的教育资源都难以足额提供，更遑论接纳没有计划、蜂拥而至的随迁子女。城镇蓬勃发展的市场经济，以及与之相适应的人口聚集而产生的教育需求，与基于地方户籍人口规模而配置的教育资源之间的矛盾，构成了特定历史阶段特殊的教育生态。

随迁子女教育能否解决好，直接影响城镇化进程的成败。城镇化大势所趋，但是随着其深入推进，人们发现，教育与城镇化已经互为动力、难解难分。进城是为了挣钱供孩子读书，留下是希望让孩子到城里读书；或者是因为孩子在城里读书，进城来陪读；或者是孩子定居城里，进城来陪孙辈读书。现代很多家庭都是孩子在哪儿，家就在哪儿；哪里有优质教育，人口就往哪里聚集；哪里有人口聚集，哪里就有城镇化。从这个意义上讲，城镇化就是教育资源优质化。如果城镇化没有教育，尤其是优质教育来配套，这个城镇化肯定走不远、办不好。城镇化越发展，随迁子女越多，大班额现象就越严重，如果教育跟不上，大班额化解不了，随迁子女就无法获得优质教育，人民群众就不会满意；同样，建了新城，没有学校，没有优质教育，人民群众不来，新城就逃脱不了"鬼城"的命运。城镇化的动力，是人民群众对美好生活的向往，核心是教育。没有这一条，城镇化也会落空。

随迁子女教育的改善需要综合治理。城乡二元结构，教育资源两极分化，城里的"超级校""名门校"越办越多，而农村教育日渐凋敝的趋势却难以遏制。农村学校"空心化"，学生越来越少，勉强维持下来的也是教师和学生人数差不多，甚至反过来。但只要到了县城，所有的学校几乎都是大班额——随迁子女太多了。教育的问题从来都不单单是教育自身的问题，很多问题都不是教育部门想改就能改得了的。随迁子女的教育问题，就是这样一个单靠教育部门一家解决不了的问题。学校的建设、教师的配备，以及教育的投入，如何与整个经济社会发展相适应？优质教育资源的配置，怎么能既秉持教育规律，又与市场机制相配套，服务和支撑城镇化战略？随迁子女的教育，涉及方方面面，是民族的事情，国家的事情，社会的事情，虽然复杂，但仍是发展中的问题，必将在发展中得到解决。需要各级党委政府统筹指挥，协调规划人口、城建等诸部门，共同做好这篇大文章。

无限责任，只能让教育部门卓"无"成效

　　许多国家的政府机构中，并无单独设立的教育部门。我国教育部门在政府中不仅单独设立，而且排名靠前，可见我国对教育工作的重视。重视教育工作，赋予政府教育部门重大责任，有些甚至是涉及教育方面的无限责任。

　　普及九年义务教育，责任主体是政府。政府的每个部门，包括教育部门都义不容辞，但在实际中，考核对象却往往只有教育部门一家。辍学率的考核和"一个都不能少"的要求，对于教育部门而言，本应是代表一级政府对同级其他部门和下级政府教育职责的履行情况，进行督促和检查。现行机制中，却成了教育部门自己的"紧箍咒"。有学生辍学，有学龄儿童流失于外，被问责的首先是教育部门。教育部门作为《义务教育法》的执法主体，常常被异化为执法对象而被执法，或者既当裁判员又当运动员。有法难依、执法不准的现象十分普遍。教育立法不少，而立法中普遍欠缺处罚等硬性约束条款，执法中普遍较软、较虚，且主体不明，概源于此。

　　人大代表、政协委员提出涉及教育的议案、提案，一般都交由教育部门办理。大家都知道，在这个场合提出的问题，多数是教育部门自己解决不了，需要政府干预，并由其他部门主办或协作的议案、建议。此时，这些议案、建议，不但无法帮助教育部门解决问题，反倒自找麻烦，增加工作量。以至于教育系统的代表委员在"两会"中不敢再提涉教的议案、建议，免得

进入"自己解决不了的困难又交回自己处理"的死循环。

在市、县等地方，涉教人员（包括教师、学生及教辅人员）约占当地人口总数的 1/4 左右。在县里，财政供养人口的一半差不多是教育工作者。政府教育部门，作为这些人的"领导"，其责任更是无限的，尤其是维稳责任。教师的编制、职称、工资及福利的管理和决定权，基本都不属于教育部门，而是属于人事部门。招考、聘用教师等都是人事部门说了算。但教师对福利待遇和工作调动有何意见，首先由教育部门来解释说服。教育系统的人事问题，若影响了稳定，都要归咎于对此并无最后决定权的教育部门。教师甚至学生（包括所有涉教人员）做了好事，不见得表扬教育部门，而干了坏事，这板子一定打到教育部门身上。

搞建设、谋发展，人难以自选，财无法自理，事不能自决。名义上教育部门是甲方、是主管，实际上地方党政领导才能做主，人事部门才是"大拿"。但项目和资金如果出了问题，担责的一定是教育部门。据不完全统计，近年来，各地因事下课的部门"一把手"，教育局长一直高居榜首。因此，一些地方教育部门将项目、基建、资金，还有校车、教材、教辅和信息化设备等，视为烫手山芋，敬而远之。

教育事关民族复兴、国家富强、人民幸福，兹事体大，涉及人口和经费庞大，需优先发展，重点保障。政府各个部门都要管，社会各界也想管，起码要评判、要建议。现实是，教育部门管不了该管的，又管了管不好的；办了不该办的，又办不成该办的；负了不该负的责任，又没有相匹配的权利。这种无限责任下的权事错位、责权倒挂，在未进行体制机制改革前的诸多行业系统中屡见不鲜。这就是没有实行"管办分离"的结果。

政府的职责是管教育，不该是办教育。办学是学校等教育事业单位的职责。这些单位以独立法人的身份对自己的办学行为负责，接受教育部门的依法检查，在法律范围内自主办学兴教，改革创新发展。而教育部门代表的是一级政府，它应承担以下职责：对辖区内所有教育事务进行规划、监管、评判和奖惩，对教育发展中应由下级政府和同级其他部门履行的职责，没有到位的予以处置；对政府和社会违背教育公平，制约教育发展的行为，予以纠正，触犯法律的，依法处罚；批准学校的设立和撤销，对学校招生和教学等办学行为进行监管，纠正学校行为偏差，依法开展督导和处置；代表和维护辖区全体师生的合法权益，为师生和学校主持公道；促进学校自主办学，教育自由发展，最终形成政府引导、部门监管、社会参与、学校自治的良好局面。政府归位，学校到位，教育部门也就不必承担无限责任。

民办教育，提供更多的选择

　　政府对教育，特别是基础教育承担的无限责任，还体现在学校的布局和投资上。兴建或是撤并学校，不是由市场和社会决定，甚至也不问群众意愿，一切由政府说了算。普及义务教育，政府就应该在任何有学龄儿童的地方，投资兴建学校，而且以此作为服务民生的重要实事。

　　在西部欠发达地区，政府没有太多的钱大兴教育、大建学校，但也基本实现了公立学校的广覆盖。伴随着城镇化进程，人口向中心城镇聚集，城乡学校规模出现了两极分化。城镇学校的大班额现象在有些地区触目惊心，部分乡村学校则空壳化。城镇的公立学校建得少，出现教育资源的硬短缺；民办教育想参与，但由于政策和社会的偏见，难以找到着力点。一些企业或个人想投资办学，但土地难拿、师资不稳、收费偏高，群众对民办学校更缺乏认同感。争取与公立学校同等待遇，成为民办学校发展的基本诉求。一些乡村学校关闭后，又遇到农民工返乡潮，随父母返乡的学生，只好在"黑教学点"求学，这样更加重了社会和政府对民办教育的差评。

　　政府出于对教育的无限责任，大包大揽建校办学行为，导致教育投资越来越单一，学校布局越来越体现"长官"意志。在对公立和普惠的追求下，民办教育受到打击，导致的结果就是教育资源不足的现象难以迅速改善。虽然西部地区的地方政府也四处化缘、融资，希望社会民间资本进入教育领域，但其政策的出发点，依然是将民办教育定位于公立学校的补充，将其看成是临时抱佛脚的权宜之计，难以取得社会民间资本的信任；而现存民办学校快速倒闭消亡的现实，更让政府的诚意大打折扣。

在西部，一方面，政府无钱扩大公立教育资源，解决大班额问题；另一方面，民间资本进入教育领域困难重重，举步维艰。其根源就是，民办教育是公立教育的补充，是第二梯队，甚至是"备胎"，不可能享受同等待遇。这不仅伤害了民办教育，也侵害了广大人民群众公平享受教育的权利。

在东部发达地区，政府不差钱，公立学校覆盖了全部城乡。这些地方除了少数标榜"贵族"或"国际"的高收费学校，几乎没有其他的民办教育。表面上看，东部不需要民办教育补充公立教育资源的不足，但广受诟病的择校顽疾，仍是现行公立教育无法破解的难题。

任何事物的发展都是不平衡的，这是马克思主义哲学的基本观点。一个地区中的学校自然会有差异，这是正常的，是办学的基本规律。但这些学校都是政府投资、花的纳税人的钱，这就有了问题；择校无可厚非，可好学校有限，能择校的往往不是普通百姓，这就复杂了：优质教育为什么只有少数人才能享有？

我们提出均衡发展，期望区域内个个学校全都一个样，于是上哪个学校都无所谓。这可能吗？这种违背事物发展规律的事情怎么能实现？换个角度想，如果这些好学校不是公立的，而是民办的，择不了校，群众会怎么想？或者，因为民办，择校不再靠关系，而是明码实价，靠分数靠素质靠学费，群众还会有这么大的意见吗？

政府的教育责任，是保证每一个人都有上学的机会，而不是确保每一个人都能进自己理想的学校。政府是教育等民生权利的兜底者，要保障基本、扶掖弱者，筑起社会公平的底线。公立教育只该提供基本的保底教育、义务教育、基础教育，优质、多样和高端的教育服务，应该交给社会和市场，交给民办教育。择校、择班、择师的事，只应该发生在民办学校。政府用纳税人的钱建的学校，只能是公平的底线。只有这样，择校这个顽疾才能"不治而愈"。

大力发展民办教育，对于中国教育更大的意义还在于，这是面向教育现代化的必由之路。一种没有多思维、多色彩、多标准的多元化教育，绝对谈不上教育现代化。而多元化的教育，必定来源于教育投资体系的多元化，教育产权人身份的多元化。一统天下的产权结构，必然有一统天下的教育思想，必然是僵化的教育，缺乏活力和创新。合理有限划定政府的教育责任，给民办教育发展以空间和土壤，将中央大力发展民办教育的精神落到实处，不仅会解决中西部教育资源短缺的问题，还将从根本上把中国教育带向现代化。

管办评分离的关键在于"评"之独立

改革对于教育来说是个老问题，也是个新问题。从1978年开始，伴随着经济体制改革的不断深入，教育也从来没有停止过改革的步伐。但是，改来改去，老百姓依旧不满意，随便一个什么人，只要谈到教育，都可以列出各种不满，似乎教育改革还没启动。其实，教育改革一直在路上，特别是随着我们对社会治理体系认识的不断加深，教育改革目标也越来越清晰。《国家中长期教育改革和发展规划纲要（2010—2020年）》首次提出"促进管办评分离"，为教育改革确定了大方向、大格局。十八届三中全会也要求"深入推进管办评分离"，吹响了教育改革攻坚克难的集结号。

数十年来，国家举全民之力大兴教育，完成了人类历史上最为浩大的基础教育工程，受教育的人数和程度超过了历史上的任何时代。面对如此辉煌的成就，为什么有人不仅视而不见，甚至咒骂当代教育是"毁人不倦"，对教育的评价极端负面？很大程度上，这是教育治理体系管办评一家，尤其是评价完全由政府说了算的后果。不像经济领域，主要用"钱"来评价；不像其他社会领域，人们用"脚"来评价。教育对于大多数百姓而言，躲无可躲，只能接受，不接受义务教育还是违法的。国家如此强调管办评分离，是因为教育治理体系管办评一家，尤其是评价完全由政府说了算，是现阶段造成人们对教育不满的主要原因。管理是你，举办是你，评价还是你，好是你说，不好也是你说，完全没有话语权的普罗大众怎么会没有逆反心理？

当然，今天的教育确实存在很多问题。学前教育"小学化"，孩子们争先恐后地认字、学英语、背唐诗，因为只有这样才符合"好孩子"的标准；学生的学习大都以考试为导向，因为千好万好不如高考考得好；幼小衔接要考试，"小升初"要考试，上高中、读大学，每个阶段都离不开考试……考试成为评价的唯一内容，而这唯一的标准还是由政府规定的。造成这种现象的原因是：很多教育管理者不清楚教育的目的是什么，教育又是为了谁。也恰恰是这种不清楚，使他们不知道怎样改变教育教学方法，怎样实施改革。这就是高考等一系列考试改革方案千呼万唤不出来的重要原因。

不明白教育"为了谁"，是管办评特别是评价不科学的结果。在政府既是运动员又是裁判员的闭合系统内，除了"为了政府"还能得出其他更好的答案吗？

评价是事物发展的重要导引。但是评价本身的影响力，往往不及评价的实施者的影响力。谁来评价，才是关键问题。决策、执行和评价，全由一人承担，决策的科学性，执行的效率、效益和评价的公信力，都会大打折扣，甚至背离初衷，走向反面。

国家提出深化教育督导改革，转变教育管理方式，强化国家教育督导，深入推进管办评分离。管办评分离步入实操阶段。在目前的改革设计中，评价依然是政府主导，但是，能够从教育行政部门分离出来，就是良好的开端。

将评价从教育教学行政管理中分离出来，借鉴国际经验，立足我国实际，建立督促地方政府依法履行教育职责的督政机制，指导各级各类学校规范办学、提高教育质量的督学体制，科学评价教育教学质量的评估监测体系，形成督政、督学、评价三位一体的教育督导体系，才可以把评估监测推向社会，为构建科学的教育体制奠定基础。

在督政、督学、评价三位一体的教育督导体系建设中，我们要特别关注教育质量的评价。要建立健全各级各类教育质量监测指标体系，完善基础教育质量监测标准和工具，建立县域义务教育均衡发展的监测制度和地方政府发展教育事业情况的监测制度；要培育和扶持一批社会或高校专业评估机构，引导社会力量参与教育质量评估监测，通过购买服务、联办协作等方式，让更多的社会机构进入教育评价体系，逐步形成第三方立场和判断；还要加强教育质量监测国际交流，积极参与国际组织的教育质量监测项目。

要有效发挥评价的功效，把管办评分离的改革红利完全释放出来，必须注重评估监测结果的使用，完善教育督导和评估监测报告发布制度，建立分级发布教育督导和评估监测报告制度。此外，还要建立健全教育督导和评估监测的公示、公告、约谈、奖惩、限期整改和复查制度，落实教育督导和评估监测问责机制，树立起评价的权威。

教育督导如何独立

自 1977 年国家恢复教育督导制度以来，教育督导制度得以不断完善和发展。1995 年的《教育法》明确规定，教育督导制度是国家的基本教育制度。在教育"两基"攻坚中，教育督导部门更是一马当先，坚守在基本普及九年义务教育和基本扫除青壮年文盲战役的一线。直到 2012 年 10 月 1 日，国家《教育督导条例》实施，我国才真正拥有了一部专门的、完整的关于教育督导的法律法规。

国家《教育督导条例》的颁布实施，使教育督导工作进入了发展的快车道，教育督导部门在教育综合改革和科学发展中的作用也越来越重要。但是，要全面贯彻落实《教育督导条例》和推动教育督导事业的改革发展，还须厘清思想上和实践中的认识问题，在教育督导的自我认识、机构机制和职能定位上大胆创新，坚持做到以下几点：

教育督导法制化。教育督导部门是国家教育法律法规的执法主体，负责检查、督促和指导教育法律法规的贯彻落实，以法律为准绳、以事实为依据，依法办事是教育督导工作的基本要求。

依法办事的前提是有法可依。国家教育法律法规是教育督导法治大厦的基石，但是，要据此调整不同层面、不同性质的教育关系显然不够。现实中，矛盾的多样性和复杂性、教育改革与发展的迅猛势头和曲折路径，都要求各级教育行政部门，根据实际情况提出本区域的教育行为规范。这些地方教育规章制度，与国家教育法规相辅相成，需要我们不断地添砖加瓦。

完善的法律法规是法制化建设的基础。有法必依、执法必严，树立法治精神是教育督导法制化的要义。督学要认真学习、掌握法律法规和规章制度，提高执法水平和执法能力，树立教育督导的法律权威。

教育督导高端化。教育传授知识、传播文化、传承文明；事关全族、事关大局、事关长远。党和政府、广大人民群众都对教育寄予厚望。大家对教育关注、评判、期望，甚至是指导的愿望，远比其他行业强烈得多。但是评判和指导教育，毕竟是一件需要专业知识的工作，并非人人都能胜任。教育督导部门专司其职，对教育进行监测、评估、督促和指导，其肩负的责任可谓重大，其承担的使命可称非凡，其机构、素质非高端不能行也。

经法律授权、政府委托，教育督导既要体现国家意志、政府规划，也要代表人民群众的意愿和期望。因此，教育督导部门必须"高高在上"，高瞻远瞩、眼观全局。如此，各级督导机构的规格和督导人员的素质都应是"高配"，应组建一支熟悉法律、掌握规律，坚持原则、秉公办事，业务精通、廉洁自律的专兼职督学队伍。同时，赋予教育督导部门和督学实实在在的权力，保证其对教育资源的调整分配、教育机构的设置和人员的安排拥有建议权。

教育督导社会化。教育督导改革应该是开放的，不向社会开放，完全脱离人民群众需求，教育督导改革只能是自娱自乐，教育督导查找问题、指导改革、促进发展的功能也会大打折扣。因此，教育督导部门必须紧紧依靠地方政府及其他相关部门，紧紧依靠学生、家长，以及社会相关组织，动员和汇聚全社会的力量，支持和推动教育改革发展。要最大程度地向社会开放，公开教育督导的法律依据、立项原则，组织机构、人员组成，办事程序、督导结果。要广泛征求社会各界对教育法律法规的意见建议，按照人民群众的意愿确定督导项目；督导队伍、机构的建设，要尽可能多地吸纳人大代表、政协委员和社会名流等热心教育人士参与；督导结果要以公报和公告等形式，向社会广泛宣传，让人民群众周知，在社会上形成舆论，凝聚更多的正能量，办好人民满意的教育。

教育督导独立化。管办评分离是教育综合改革的重要目标之一，"评"就是由督导牵头和主导的社会化关注。实现这一改革目标，还有待时日。现阶段落实决策、执行和监督三种机制的相互制约和协调，也要求在教育系统内部，教育督导、教育决策、教育执行三类机构相对分离，相对独立。事实上，当前教育督导机构在教育行政部门中，不仅难以相对独立，甚至被边缘化。

《教育督导条例》明确规定，教育督导机构在本级人民政府领导下独立行使督导职能。但现实情况却是，教育督导机构隶属于教育行政部门，听命于教育行政部门。作为教育行政部门的内设机构，教育督导机构很难独立行使督导职能。教育督导依法对教育的监测、评估、督促和指导，也就很难做到权威和公正。

或许，在相当长的一段时间内，教育行政部门都不会主动放弃对教育督导的直接领导，因为改革最难的便是对自身权力的缩减。但我们要清楚地认识到，将教育督导机构转变为政府的直属部门，不仅是全面贯彻《教育督导条例》的需要，更是教育综合改革的必由之路。

怎样让教育督导有权威

　　贯彻实施国家《教育督导条例》，落实教育督导这一基本制度，就要创新教育督导的执法机制，在重点领域、关键环节开展教育执法，科学运用教育督导结果进行公告和问责，树立教育督导的法律权威和专业权威。

　　《教育督导条例》规定，教育督导机构要对各级人民政府落实教育法律、法规、规章和国家教育方针政策的情况进行督导，对行政区域内的学校和其他教育机构的教育教学工作进行督导。教育督导的内容涉及教育法律法规、规章制度、学校管理、教学组织和社会办学等方面，是一项统筹全局、关注全部、服务教育事业整体推进的综合性工作。恢复教育督导制度的30多年来，教育督导对各级各类教育的科学发展发挥了重要作用。但是，一直以来，其法律地位不明、机构职责不清、工作重点不显等问题，造成了教育执法部门的边缘化。为改变这一状况，须秉持改革与创新的精神，深刻领会《教育督导条例》的立法原则，全面落实《教育督导条例》的各项规定。但在具体工作中，督导部门不必面面俱到、样样都查，而是要抓住关键环节、落在重点部位，才能有效树立督导权威。

　　查经费投入。政府的教育职责首先是保证教育事业运作的基本经费到位。教育特别是义务教育不能创收，没有产出，是件花钱的事情。确保国家规定的各项教育经费投入足额、及时拨付到位，地方政府责无旁贷；学校的改革发展，诸如特色校、示范校创建，义务教育均衡发展，素质教育的深入实施等，也都需要政府大力投入。不能足额及时地将教育经费拨付到位，这样的政府谈不上合格；舍不得对教育的改革发展多投入一点，对教育的重视也只能是空谈；不愿意把经济建设的更多收益投入教育，当然就无法让改革的成果惠及普通民众。对教育的投入，无疑是践行党的群众路线的试金石。所以，查经费投入应成为督政的基础工作。教育经费，特别是用于发展的经费，多半用于建设项目，因此，要求督查中要做到三个"见到"：见到票据、见到工地、见到县长。近些年，很多地方督政先查账，追回不少拖欠的教育经费，教育督导权威得到有效彰显。

查队伍建设。没有钱，教育不好办；没有人，教育办不好。教育队伍建设的基础必须由政府夯实，教师的人事管理权是否理顺，编制、结构和职称合不合理，学校班子和校长配得好不好，教师的生活、政治待遇落实没有，教师的心理健康、感情生活和教书育人的本领有没有得到关注和提升，师资培训有没有针对性和实效性，等等，都需要政府操心。督政把拖欠的教育经费追回来，就是抓住了政府教育履职的要害；督政配强配齐学校班子、落实教师各项待遇、提高队伍素质水平，更是抓住了教育发展政府履职的关键和根本。有了这两手，教育督政就为教育改革发展，特别是学校建设，解决了实际问题，对政府行为有了具体的约束和影响，在政府和社会中树立了教育督导的权威。

查学校管理。督学对学校各方面工作都负有督导职责，例如学校的区位选择、布局规划、环境建设、校园文化、家校联系、专业设置、课程安排、德育等。但择其要者，只查其一的话，其关注点和着眼点首先是学校管理。现行体制下，学校之间的差别体现在管理理念和精细化程度上。管得好，即使是传统教育的思路，也能激活学生的学习兴趣，提高学习效率；管得不好，再先进的教育理念也会变成音、体、美的标签，与学生的全面成长不搭界。所以，督学先要监督学校管理，看学校的规章制度是否务实，贯彻执行得怎么样。大到专业设置，小到个人卫生，是否有文化遵循和制度约束？这些都要仔细查一查、问一问。督学要鼓励校长成为教育的明白人，用专业知识指导和帮助学校科学管理、精细管理，树立督导的专业权威。

查社会办学。查经费、查队伍、查管理，既有督政又有督学，但还是在公办的体制内。现阶段，作为教育行政部门的内设机构，督导机构行使检测、评估、督促和指导职能时，并不自信。但当我们把关注的目光聚焦在社会办学，教育督导机构就变得自信了。当然，社会办学亟须规范。这里除了教育教学的质量之外，更重要的问题就是办学的资质和信用。从保护人民群众生命财产和受教育权利不受侵犯的意义上来讲，关注社会办学不仅是树立督导权威的捷径，更是教育部门为人民群众多办实事的具体作为。社会办学是教育现代化的重要标志，是化解基础教育择校矛盾的关键所在，是满足人民群众多种教育需求的重要阵地。督导不仅要督促指导教育部门规范办学、讲求信用、优质发展，还要帮助他们优化办学环境，落实政府对社会办学的优惠政策，让社会办学这朵社会主义教育百花园中的奇葩，茁壮成长，桃李满天下。

教育质量监测：让教育督导拥有坚实的数据基础

上海市曾先后两次参加经济合作与发展组织的 PISA 测试，均取得了傲人的成绩。除了让人们感叹中国基础教育成果显著之外，PISA 最大的功效就是让更多国人了解了教育质量监测和教育质量评价。

从 2006 年开始，我国逐步建立了教育质量监测系统。但是，一方面，由于各省市和地区之间自然、人文环境千差万别，教育理念、教育模式、教育水平也存在很大的差异，很难有一份全国统一的、可以满足所有省份对调查内容和监测精度需要的调查试题。另一方面，与发达国家相比，我国使用的教育质量监测手段对提高教育教学质量的作用并不显著，所以普通百姓很少知道教育质量监测。

随着公平与质量两大主题在教育领域的深入实践，如今，对教育质量的认知和判断，越来越趋向于比较研究和量化考核。人们不再满足于对教育教学的定性描述，而是希望与过去、与别人等多个时空坐标进行公平与质量的比较。顺应人民群众的诉求，在教育督导中引入监测概念，强化督导评估的技术手段，自然成了教育督导改革与创新的重要选项之一。

教育督导工作主要包含三大内容：督政、督学和评估。从严格意义上来讲，教育督导只有两方面的工作，就是督政和督学，评估是督政和督学的手段和基础。离开评估，说不出好与坏、多与少、高与下，当然没有办法对行政行为和办学行为进行督促和指导。可以说，没有评估就没有督导。然而，要把好与坏、多与少、高与下，说清楚、谈明白，就必须有数据支撑、有定量分析。不仅要有"横断面"的数据剖析，还要有"时间河流"的数据演变分析。

实施教育质量监测，落实教育督导促进教育改革发展的关键作用，要实事求是地设计和安排符合现阶段的监测项目和指标，同时，注意将教育改革发展的正确方向和科学理念融入其中，让监测工作既服务当下教育质量的提升，又能积极引导教育教学改革沿着正确的轨道前行。由于教育督导对监测结果的运用，监测在很大程度上指引着教育的改革发展。但是，目前还存在一些不能代表教育改革发展方向的监测，比如，以学习成绩、升学率作为监测的主要标准，甚至是唯一标准的现象仍然存在。如果教育质量监测仅仅关注学生的考试水平，那么，学校中"不考不教、少考少教、考什么教什么"的现象当然就会禁而不绝，甚至愈演愈烈。

实施教育质量监测，落实教育督导促进教育改革发展的关键作用，要跟上世界教育质量监测潮流，推进"计算机化"，努力实现"与学习一体化"，大力研发监测新工具、新模型、新技术，"把量化进行到底"，同时，注意纠正教育"技术化倾向"，防止把教育这一"人的活动"完全物化、计量化，而背离了教育的本质，远离了人文关怀。教育质量监测将教育理念与实践，分解为可观察的一系列实证行为，即监测指标。这些指标再分解细化为可量化、可统计的、具有操作性的评价标准。这样就把教育教学标准化到一个普遍而单一的评价标尺上。我们按照这个标准对教育教学进行评价、排队和分类，分数高低直接影响奖励和惩罚。但是，这个标尺不能测量到的教育质量和人文要素，则被边缘化甚至得不到认可。教育教学理念成为可以被物化的一套固定的、标准化的指标，教育教学实践当然会逐渐偏离了教育的本质。那么，这样的监测，追求标准化、计量化的考核成绩和制度化、技术化的证书、文凭，其结果就是"应试教育"。所以，在研发检测新工具、新模型、新技术的同时，我们要纠正教育"技术化倾向"，防止把教育这一"人的活动"完全物化、计量化。

实施教育质量监测，落实教育督导促进教育改革发展的关键作用，要回答面上的问题，对整个区域进行宏观的掌握，强调整体某一时段统一的教育质量标准，面向广大师生和社会开展大额抽样，技术上较容易得出不太会受到质疑的全局数据，同时，不能忽略教育的个别化和差异性，即面向一个学生或者学生群体开展个性化的订单式监测服务，让具体的学生和家庭能够在科学数据的精细化指导下，开展学习，科学成长，使大数据的魅力走进千家万户。

实施教育质量监测，落实教育督导促进教育改革发展的关键作用，要以科学精神，把好监测工具制作质量关。严格控制监测的实施过程，重视监测过程的公平与合理，加强评分管理，严肃认真地做好定期抽查和普查，确保日常监测的准确与客观。身为教育督导，要尝试接地气的创新与改革，针对教育督导中的难点重点，大胆开展专题监测，巧妙利用监测结果，或向上级报告，或向社会公布，攻克阻碍教育改革发展的绊脚石和地雷阵，攻克阻碍教育改革发展的难题，将教育质量监测武装成为扫清前进路上障碍的利器，让教育督导权威建立在坚实的数据基础之上，进而使督导工作更加科学。

第 3 章

从高考切入，改革要"以法育人"

谁之高考，谁之公平

进入 6 月，全民高考"焦虑症"又如潮水般，迅速蔓延开来。

不在少数的高三学生已经到了身心俱疲的崩溃边缘，大脑基本僵化，心灵基本麻木；面对书本，看不进去又不得不看，只为求个心理安慰，如囚徒般以分秒为单位，计算着"临刑"的时间。家长更是惶惶不可终日，把正常的工作生活暂放一边，一切以孩子的高考为大。高考考学生，更是考家长。

学校和教师也不轻松。在很多地方，高考升学率依然是评判教学质量和教师水平的唯一标准。因此，学校和教师要使出浑身解数，整合各方资源，服务升学这个中心，将教师的绩效工资与高考成绩挂钩，整个高考人群食不甘、寝难安，各种焦虑。一些学校为了让女同学的生理期错开高考时间，甚至鼓励用服药的方法进行人为干预。

面对高考，有人呼吁取消高考，认为基础教育的全部问题，如教辅泛滥、择校不止、补课盛行和学生厌学、教学负担越来越重等，均应归咎于高考这个"指挥棒"的"瞎指挥"，高考不取消，则教育改革无路，民族复兴无望；有人坚持高考是社会公平的最后领地，绝对不能取消，一旦取消，社会底层就没有了制度化的上升通道，会出现社会阶层固化、贫穷代际传递、一代穷世代穷的问题，底层人民将被迫走向政府和主流社会的对立面。

应该说，高考是当今社会最广泛、最简单、最公平的晋升通道，是没有爹可拼、没有富好炫的平民孩子，改善生活、改变命运最可靠、最便捷的平台。国泰民安，不能没有这道公平的底线。但是，现行高考鼓励拉开分数差异，以便分别录取，考试的内容越来越难，越来越多，越来越不利于农村和边远地区学子，其公平性越来越受到质疑。

人人必考，不考就进不了大学。每年仲夏，全国被高考绑架，一起"疯狂"。爱之者，视之为最后的公平，平民唯一的希望；恨之者，以为其限制学生多元发展、全面发展和创新发展。高考不仅如大山，压在学生和家长身上，令人窒息，也是教育部门和政府无法挣脱的沉重包袱。

现行高考制度的种种弊端，让一些学生产生了畏难情绪，逃避高考的冲动已经悄然滋生。近年来，家庭条件较好，不参加国内高考，直接出国读高中、上大学的学生人数逐年增加。由于文化和世界观的差异，这些在国外接受高中教育的"小留学生"，基本上不会回国服务。同时，一些农村学生因为难以考入理想大学而自动放弃高考，提前加入到外出打工的人潮。《人民日报》评论说："教育公平是社会公平的底线，农村学生弃考传递出一个信号——底层上升通道受阻，社会阶层固化趋势加剧……"无论是城镇年轻一代的出国流失，还是农村青年学子的无奈弃考，都反映出人民群众对现行教育体制的深刻不满。令人又爱又恨的高考，真是到了非改不可的地步。

高考制度在教育体系中具有十分特殊的位置，连接着基础教育和高等教育，评判着基础教育的优劣，影响着高校学生的状态。政府和教育部门一直把高考改革作为教育综合改革的"牛鼻子"，予以重视和关注。从中央到地方，从社会到学校，各种改革和实验都在陆续推进。其中最具代表性的，无疑是名校的自主招生改革，它增加了自主命题考试和面试，可以由部分知名中学校长实名推荐。凡此种种，起码扩大了名校的自主办学权利，突出了看重综合素质的选人导向，却无一例外地损害了高考唯一的优点——公平。因为这样的面试也好，推荐也罢，都与农村、边远的学校、学生无关。2012

年，各地出台的各种异地高考方案，更是把高考改革的出发点之争，推向了白热化。

高考是为国选才，还是为民改运？是天下的公平，还是地方的福利？是教育内部的事情，还是全社会的问题？是国家长治久安的大政方针，还是行业部门的技术程序？是该政府牵头统领，还是由学校自主把握？高考到底是干什么的，是选拔人才还是维护公平？……弄不清这些问题，自然找不准改革的方向。迷失了改革出发的原点，怎么可能抵达成功的彼岸？我们只有跳出教育看教育，换个视角，换个立场，才能重新审视高考的意义、定位和作用，高考改革才能破局。

高考：给人改变命运的梦想

　　高考是基础教育改革与发展的"指挥棒"，对于教育工作者而言，虽不情愿但也不得不承认这是现实。某种程度上，没有高考改革的配套和支持，基础教育改革走不远。高考怎么考，教师就怎么教，学生就怎么学，似乎已经顺理成章，天经地义。基础教育的改革与创新，只能从对高考制度的深刻认识和科学把握上，予以破题。

　　高考的形式大家十分熟悉，"一考定终生"，一张卷子决定许多人的命运，影响学子甚至也影响教师的前途和人生。什么时间考什么、怎么考，考完之后阅卷、统分、划线、填志愿、投档、录取，这一系列流程，大家都耳熟能详。公开信息、小道消息，大原则、潜规则，人们也都津津乐道、钻研琢磨透了。

　　现实中，基础教育基本上围绕着高考转。高考试卷中的每一个字都是教学重点，考什么就学什么，怎么考就怎么教；举一反三，高考就是"一"；触类旁通，一定要通到高考去。语、数、外高考分值多，自然是主课和重点。文理分科，文科的就把理、化放下，高中毕业后或许连自己戴的近视镜矫正视力的原理都不清楚；理科的自然忽略史、地，进了大学可能也没弄明白自己为什么是炎黄子孙。要考外语听力，语音制品生意火爆；要考体育，运动场上人头攒动。基础教育的课程设置、课堂组织和家庭作业，大多是在模拟高考，演习高考，准备高考。

学生写下血书"我不想做作业"，心如刀割的父母，在安抚了孩子之后又鼓励教师："你还是要管严点，多布置些作业。"有什么办法呢？社会上普遍认为，能进大学才是人才，好人才当然进好大学，好人才将来才会有好工作、好生活。这里，高考的功能就是选拔人才。说大了，是为国家民族选拔人才；说小了，无非是把想当人才的学子分分类，给每个人贴上是或不是，是什么级别人才的标签。过线了，就是人才，考分越高，人才的等级就越高。为了成为人才，学吧！高举着"为民族选人聚才"的旗帜，高考"绑架"着基础教育，在应试的道路上越走越远。

要恢复基础教育的活力，高考就必须改革，给基础教育以正确的导向。近年来，高考改革一直摆在国家教育改革的显著位置，但喊了很多年，事实上还没有出发，因为学生的负担一点儿都没减下来。

为什么会这样？是改革的动力不足，还是改革的意愿不实？当然都不是。高考非改不可已成共识。改不下去或者说成效不大的原因就在于，大家还没弄明白高考在当今社会到底有什么用。高考是为国家和民族选拔人才的吗？如果是，那就麻烦了。"三百六十行，行行出状元。"一张卷子，怎么能选尽天下"英雄"？何况分数也不能全面代表和反映人的素质和才能，就算理论上我们可以为每个行业的英雄准备足够多的试卷，可是只有分数公平的考试，又怎么可能带来人才公平？

实践证明，人才来源于生产生活实际，成长于各行各业的具体实践。人才的成长有其自身的客观规律。高考改革必须放弃选拔人才的虚荣，扬长避短，重新定义其功能。

高考的优点在于公平，虽然只有分数公平，依然难能可贵。分数不等同于才能，高考的功能当然就不是选拔人才。高考只是提供一种可能和渠道，让社会底层普通老百姓的孩子，可以通过高考这个公平的平台，改变自己的命运，上升到社会的更高阶层，打破贫困的代际传递和阶层身份的代际固化。高考与人才无关，高考与和谐相通。

在分数面前的公平是高考的本质属性。如果没有了公平的高考，那些苦孩子、穷孩子，普通百姓的孩子怎样才能奋斗到更高的阶层？这里，读书改变命运必须是真理。它让社会的每一个人都可以怀揣梦想，通过自身的努力改变生活和环境，而不会因为晋升无门、奋斗无路，成为社会的破坏者和反抗者。高考提供了成本最低、效果最好、范围最广的社会安定工具。一所中学在高考期间打出这样一幅标语："没有高考，你拼得过富二代、官二代吗？"话虽极端，却道出朴素的哲理。这就是高考真正合适的用途。在高考新功能的科学界定下，改革才会有出发的原点。

高考改革，从降低英语分值开始

　　多地在酝酿高考改革，人们再次聚焦高考这个全民关注的话题，其中尤以对英语考试的改革最为关注。有些地方将英语考分由 150 分减为 100 分，有些地方取消英语听力考试，降低英语在高考中的权重。但一些教育改革的资深研究人员也同时指出，这类降分的幅度缺乏测算和依据。为什么是英语而不是其他学科？为什么是 50 分而不是 30 分、40 分，抑或 45 分？这些问题解释不清楚，难免让人有异议。但无论如何，这毕竟是我国高考改革中具有实质意义的行动，这种探索创新的精神应受到尊重和支持。

　　新中国成立以来，外语教学一直与政治"气候"息息相关。先是将英语改为俄语，后又将俄语改为英语；先是学校里的选修课，后成为全民必修的重要主课；甚至到大学里，外语成绩影响到学位的得失，工作岗位上制约着职称的晋升。60 多年来，除了"文革"时期，国人一直热衷于外语教学。当然，我们不否认外语教学取得了巨大成绩，但也没有像某些人讲的那样："现在中国的年轻人基本上都能够阅读英语著作，都能够听懂简单的英语，写点英语文章。"更不能说，外语教学促进了中国的改革开放。事实上，把国际先进技术引入国内的，大都是不通洋文的地方官员和企业家们，其中政治和经济才是主要的考量因素。

　　全民学英语的热潮，起源于教育部门对"教育要面向世界"口号的曲解，而非街上麦当劳、肯德基普及的结果，更不是国人想要睁眼看世界、渴望对外开放的内在冲动。教育要面向世界，关键是教育理念、教育手段和教育成果的世界化，而绝不是标签式的全民学外语。古今中外，没有哪一个国家或民族，是以全体的外语水平来衡量开放度和国际化的。把英语考试水平直接与人才的能力水平挂钩，英语考试不过关，大学没有学位，工作难评职称，恐怕也是绝无仅有的。当初大规模的外语热，特别是英语热，对英语人才的培养和国人英语素质的提升确有帮助，但是，30多年的实践证明，这种泛化和庸俗的全民英语热潮，背离了对知识和开放的追求，进而逐渐异化为取得某些地位和利益的必要路径。

上大学，拿学位，评职称，外语是必考科目。各地政府、开发区高薪招才引智，甚至明码标价，英语水平价值数十万，甚至上百万……似乎英语达到了什么标准，就可以一"英"遮百丑。用英语一科的成绩，来量化评价人才，无疑是"懒政"的表现，过去衡量人才的标准主要是考察被考核者的"三观"和思维。全民化的英语教育，让不动脑筋的决策者如获至宝，因为英语卷子改起来简单很多。技术上的便捷和稳定，使得这一"懒政"迅速红遍大江南北。反过来，这一"懒政"又以政策的威力，推动英语教学迅速成为"应试"的代表，并且与商业行为结合起来，成就了全球最大的教育培训产业，绑架着教育，颠覆了社会的分工规律和教育的因材施教规律。

社会形态的发展和进步，是以社会劳动分工的细化和多样为标志的。人类历史的发展，也不断证明和演绎着这一社会学中的基本规律。翻译的出现是社会分工的结果，也是社会进步的体现。国家和民族发展到今天，相互之间文化和科技的差异，愈来愈深刻和复杂。翻译人才不仅要精通一国语言，还要熟知其文化和科技，这绝非一般意义上的外语要求。以为全民学外语，就可以人人懂外语，不用翻译即实现沟通，恰恰是不懂社会分工规律，不尊重外语及其人才的表现。今天中国鲜见高明的翻译家、翻译学者，一些科学家感叹，现在任何专业论文都要自己直接到外文原刊原著上查找，看不懂和看不准的地方，还不好意思请教别人，只好囫囵吞枣，看个大概。

至于因材施教的教育规律，更是明确地指出了，并不是每一个人都适合学外语，让没有语言天赋的学生学外语无疑是摧残人性。可见，外语人人学，不仅违背了教育规律，将教育推上了技术化和"应试"的歧路，偏离了中华民族价值观的培养路径，带来了全世界最大的人才工作"懒政"，而且阻碍了翻译业的发展，影响了社会的发展。从这个意义上讲，高考降低英语权重，甚至取消外语必考，不仅是高考改革的正确方向，对应试教育无异于釜底抽薪，而且还将引发教育理念和人才工作的正确回归。

改革高考，我的"疯狂设想"

　　实施功能有限、内容有限、学制有限、责任有限的"有限教育"，是基础教育改革与发展的正确方向。在"有限教育"的思路下，教育的功能具体而平实，让每个"生物人"成功转化为"社会人"。至于这个"社会人"将来在社会中的道德位置和评价坐标，并不完全取决于教育，教育的道德功能和世俗功利大大降低。因而，学生学习的内容大幅减少，像外语这样压在当前学生头上的功课"大山"，完全可以搬除。学习内容减少，学制也随之缩短，整个基础教育可以全部纳入义务教育范畴，同时人均教育程度却可能得到提高。健康成长、快乐学习、享受青春、完善人格的教育理想，真正成为了现实。对于政府而言，最要紧的是不再需要承担无限教育责任，而是将人财物集中到应该由政府保障的基本教育上，更多地关注公平，确保底线。

　　这种美好的教育图景，让学生、教师、学校、政府和社会都找到了合适的位置，各得其所，各得其乐。但是，它的实现必须依赖以高考改革为"牛鼻子"的教育综合改革的深入推进。没有重新界定高考在功能上的定位而实施的创新改革，就难有以高考为"指挥棒"的基础教育的改革发展。

　　高考功能的新界定已明确指出，高考是一种途径和渠道，能够让社会底层的普通人通过读书改变命运，从而打破贫困的代际传递和社会身份的代际固化。高考是最有效、最廉价、最无风险的社会稳定器、人才聚集的大仓库和民族活力的发动机。高考不是也不能用来选拔人才。因为人才是无法进行选拔的。摆脱了选拔人才这个根本无法完成的所谓使命，高考改革才算找到了出路，有了对接"有限教育"、促进素质教育的可能。

"有限教育"下，高考改革可按照以下思路展开：

高考一年两次，统一时间、统一试卷在全国范围举行。录取时不参考其他任何分数，不进行任何形式的面试和测评，没有任何的加分或降分投档设计，高考分数是唯一依据。一人可多次参加高考，一次高考分数两年内有效。

高考只考三门课程，一门是文史综合素质，一门是数理综合素质，一门是作文，每门满分100分。综合素质以客观题为主，范围完全在课本之内，根本不需要进行集中复习，也不需要使用任何教辅材料。

全国义务教育学段的所有学生，不分地域，一张试卷，统一阅卷，统一录取分数线，完全公平。全国取消教辅材料，不进行任何超出课本范围的复习和补课，只以国家统一配发的教材为内容，不需要任何需自费配备或贫困学校无法配齐的教具和实验、艺术器材。不论城乡、贫富、远近，全国教学条件基本水平一致。高考的分数公平和教材教具公平完全得以体现。

当然，这个高考并不需要全国所有学生参加，也不是所有高校都在这个高考体系里录取新生。只有国家"211""985"大学，暂且称之为"高考类大学"，才凭高考成绩录取新生。这些大学应是全国最好的综合性大学，它们的毕业生不需要参加考试，即可进入"吃财政饭"的公职岗位。只有志愿于服务大众，希望成为公职人员的学生才需要参加高考。这些学生大学毕业后用电脑在全国范围内随机安排工作岗位，且需在东西部之间、贫富区域之间异地交流，以实现就业的地域公平。这样异地高考也将不再成为问题。

未参与全国统考招生的其他各级各类高校，在国家批准的专业和人数范围内，一年两次自主招生。没有参加高考的学生，可以根据自己的人生规划、个人天赋、家庭条件和时间安排等因素，直接到各自感兴趣的高校，参加自主招生。高校在国家标准范围内，自定形式、自主命题、自行录取、自负责任，独立组织和完成招生工作。无意于公职或者不需要进入"高考类大学"，一样可以获得公职，就不用高考、不用复习，彻底远离了高考的重荷。多数人不需"十年寒窗苦"，也可以凭个人兴趣和资质，选择喜欢的高校和专业深造。"千军万马过独木桥"的现象将不复存在。

这样的高考制度设计，既保持了高考分数公平的优点，让每一位相信"知识改变命运"的人永存希望，民心得安，社会可稳；又完全解决了一两次统考不可能选拔出各类人才和高分低能的问题，让每一位心怀梦想的年轻人都能找到适合自身特点的职位。

在这样的高考体制下，基础教育才可以挣脱分数的桎梏，专心于素质教育、特色教育，师生才能教有所乐、学有所乐，学校才能真正成为知识的花园、成长的乐土，"有限教育"的道路才会越走越宽。

教育改革，缩短学制刻不容缓

　　基础教育由三部分组成：学前教育、义务教育和高中教育。在有条件的地方，完成义务教育后，实行"整班交接上高中"，对高中阶段教育予以补贴，这也算是 12 年的义务教育。随着"学前教育三年行动计划"的推行，许多地方学前教育也逐步普及。九年义务教育、三年高中教育、三年学前教育，基础教育的全学制达 15 年。如果一个人 3 岁进入幼儿园，进入大学时 18 岁，走上工作岗位已经 22 岁了。

　　如今饮食丰富甚至营养过剩，加之学习压力、环境污染和性信息的"无缝"包围，青少年生理发育期大大提前和缩短，早熟现象十分普遍。在生理发育的客观规律支配下，初中甚至是小学高年级就已情窦初开；伴随着寒窗苦读，高中结束了全部青春梦想；本该多姿多彩的大学生活，完全不见了初恋的青涩与美好；大学一毕业，工作未稳定，事业更渺茫，就必须面对婚恋和由此带来的住房等诸多压力。

　　现在的学生，在该干这事的时候却干了那事，在不该干这事的时候却不得不干这事。这样的人生轨迹，对教育而言是无奈，对人生而言是不幸，对社会来说也不是好事。

　　当今诸多社会问题，如中小学学生中的早恋、大学生中的物质与媚俗、国民初次性生活年龄的提前和心理疾患的增多、社会理想与精神的缺失等，都不得不说与这种人生成长阶段与教育阶段的错位和不匹配有关。

现在十六七岁的孩子，虽然心理上还未完全成熟，但在生理上已基本成人。这时他们应该完成了基础教育，实现了由"生物人"向"社会人"的转变，处于对自己、对他人、对异性有了初步正确认识的时期，可以去探求人生的美好，加深对人生和世界的理解。这时最适宜的环境当然是大学，而不是"压力山大"的高中。

走出大学校门，迈入人生新阶段的学子，年龄应该在20岁左右，结束了"少年维特之烦恼"，初尝了爱情滋味，对人生、对爱情、对事业、对未来充满新的憧憬与向往，生命具有无限冲动和渴望，而不应是考虑房子、票子，消磨了敢拼敢闯、创业创新的劲头。初次参加社会建设的工作者，应是一些朝气蓬勃、血脉偾张、青春飞扬的年轻人，否则，队伍无活力，民族没希望。

在人类生理青春期大大提前和缩短的今天，如果我们还在耗费巨资，人为地延长和押后人们的心理青春期，把已经要恋爱的青年人，关在"毫无春色"的高中教室里死命地备战高考，难道这不是对人类的不敬和对民族的犯罪？一些社会问题和心理疾患，正是在这种错位和压力下，埋下了祸根。

让每一个人在他（她）最适合干什么的年龄就去干什么，这才是以人为本。在我看来教育改革应从学制下手，将15年的基础教育学制，缩短为12或13年，全部基础教育都是义务教育。这样不仅从根本上解决了上述问题，也为有限教育的实施提供了制度保证，我国也将成为世界上第一个在基础教育全学段实施义务教育的国家。

12或13年的义务教育涵盖了学前、小学、初中和高中。高中毕业后可安排1年游学或者进行职业教育。十七八岁的时候，人对社会和家庭有了新的较为客观的认识，对人生有了更全面的规划，开始懂得谈恋爱和选择职业方向。这时进入大学深造，专业选得更切合个人兴趣和需要，恋爱谈得更纯粹和健康，相信人生的道路也可以走得更精彩。

对于有限教育，缩短学制根本不会影响教育的内容和质量。12～13年的时间，在国家义务教育体系下，一个人足够掌握构建基本的世界观、人生观和价值观所需的知识和素质。

目前已有9年义务教育和部分中职免费教育，将这两部分费用打通，可满足全国10～11年的义务教育。国家和各地现在分别实行的"学前教育三年行动计划"和"高中突破发展工程"的资金，满足2～3年的全国义务教育也不成问题。可以这样说，实施有限教育，全国范围内不用新增教育预算即可完成12～13年的全民义务教育。

实行12～13年全学段基础义务教育，国人的学龄大大缩短。青年人在该恋爱的季节尽情享受爱情，在该读书的时候认真汲取知识，在该创业的阶段全身心奋力拼搏，人活得有滋味、有样子、有腔调。中国人的整体素质、生活质量和幸福指数有望大幅提高。

课改，教改的金钥匙

党的十八届三中全会以深化教育领域综合改革为统领，多方位、全系统推行教育改革。要求创新育人模式，强调立德树人；强化体育美育，落实素质教育，减负、"去择""除重"，促进教育公平；免试就近入学，统筹义教均衡；分类测试评价，改革考试制度；普职立交转换，拓宽学习通道；试水管办评分离，完善治理体系等。从教育行政管理体制到教育布局规划调整，从教育理念到招生考试升学，教育综合改革的内容覆盖了教育的方方面面，同时，也突出了质量与公平这两个要求。作为教育综合改革的执行者，我们既要避免片面重视顶层设计，脱离基层实际的理想主义倾向，又要防止过于强调客观现实，而放弃创新追求的实用主义。改革千头万绪，任重道远。畏苦怕难，不改革不行；胡闯蛮干，瞎改革也不行。特别是在缺少顶层设计的基层，教育改革从何下手、在哪里起步？

一切教育改革措施都是为了构建一个更科学、更有效、更有活力的教育生态系统。任何改革思路、举措都要落实到立德树人上才有意义。课堂是所有教育理念、模式和机制的集散地，所以，教育改革理应从课堂出发，从课改抓起。

但是，传统课堂上，分数是"主人"，教师是"管家"，学生是"奴隶"，"满堂灌"的教学方式让师生俱疲，学生更是丧失了对知识的好奇和向往；

传统课堂上，人是工业生产的产品，可以批量加工，人与人之间没有差异；传统课堂上，很多人都是空谈素质教育，认为有"名师"就有了一切；传统课堂上，评价考核体系单一，人们视分数为内涵，将分数等同于质量，把学生、家长都投进追逐分数的深渊，甚至教育行政部门也以升学率评判学校优劣，教育资源也按照升学率聚散分布。

传统课堂集中反映了当前教育中存在的很多问题，因此，要改变师生在课堂上的生命状态，让教育与人能够和谐发展，必须突破传统课堂的桎梏。

高考制度改革无疑是教育综合改革的"牛鼻子"，教育综合改革的最终胜利，也必然带来高考制度改革的破题。但是，高考制度改革不是一个区域、一所学校就可以谋划完成的，而应自上而下、循序渐进、统筹推动。可是，学生的成长不能等，我们不能"守株待兔"，等待高考制度自发的改革，而是要学会"戴着脚镣舞蹈"，努力寻找便于操作的改革方向与措施，譬如课改。

课改是教育综合改革这一庞大繁杂的系统工程中最简便易行的一个环节，是教育综合改革的枢纽。一方面，课改是检验教育育人模式、评价机制、管理体系的"试金石"。另一方面，课改也是每个区域和学校都可以尝试的改革，是教育综合改革工程中最简便的一个环节，是开启教育综合改革大门的"金钥匙"。

课改并不需要太多顶层政策的支持，在现行制度框架内，课改既适用于现有的最基本的教育教学设施、设备，又能在不追逐分数的前提下，促进教学质量提升。课改是最接地气、成本最低的改革方式，课改对教学设施没有"高大上"的要求，对学生的知识起点和技艺准备的要求也不高，甚至对教师的学识也不设置过高门槛。只要有人愿意播下一粒种子，课改就可以在城市社区、山区乡村的任意一所学校生根发芽。课改要完成的只有一件事——让学生不再成为分数的奴役，而是成为教室的主人、知识的主人、分数的主人……

我们无论是倡导相信学生、解放学生、利用学生、发展学生、成就学生，还是要求教师放手、示弱、鼓励、陪伴……，都是在告诉人们：课堂属于学生，不属于教师，更不属于分数。在新课堂中，学生可以尽情欢笑、勇敢探求，教师可以点燃学生对知识的渴求、对崇高的向往、对规律的探索，激励学生不断改正缺点、走向完善，从而唤醒学生的灵性与灵魂，使学生能够有尊严地、快乐地徐徐展开人生画卷。

课改的红利

　　党的十八届三中全会，吹响了新一轮深化改革的出征号角。教育领域的综合改革令人倍加期待。大家都清楚，教育，尤其是基础教育，已经到了非改不可的地步。育人模式、课堂流程、评价机制、考试制度等都已经无法适应经济社会的发展和人民群众日益增长的教育需求。学生困顿、教师迷惘、政府苦恼、群众不满……改革开放 30 多年来，教育广受诟病。因此，人们也对教育综合改革抱以更多的期盼。但是，教育综合改革范围广泛，而且受制于经济、社会的改革深化和教育制度顶层设计的影响，短期内不会有大突破。当人们对教育改革的热切期盼不能及时得到回应，舆论便积聚成强烈的改革压力。

　　改革刻不容缓，却也不能操之过急。经济领域的改革经过 30 多年的深耕，如今可释放的红利仍旧有限。政治领域的改革属于顶层设计，民众只能抱以信任和祝福。唯有教育等民生领域的改革，可以人人有观察、人人有观点。不改，或者慢改，群众有意见；虚改，或者假改，群众不答应。因此，教育改革必须立说立行、即刻启航。

　　对于这一点，教育相关部门也要求全面深化课程改革，同时将改革的焦点再次锁定在课堂、课程上，明晰了当前教育改革的出发点和着力点。教育综合改革的目标已定，即构建一个"有教无类，因材施教，终身学习，人人成才"的体系。但是，改革的路径选择和节奏的把握，不是一件容易的事。彼岸遥不可及，改革从何时何地开始，考验着决策者的智慧和胆识。然而，纵览现实，已经有很多人做出了选择——教育改革从课改开始。

确定课改为教育改革的先行军，就抓住了课堂、课程这一教育的根本问题和关键环节，既正面回答了改不改的问题，又在改革初期，回避了牵扯其他系统、利益的难题，遵循了"以课堂为中心"的教育规律和"先易后难"的改革法则。由于教育具有社会性，课改也可以给学生、家长、教师以及社会最直接的触动。改革就在身边，变化始自你我。只有积极践行改革，才能收获课改的果实——

提升教师综合素质。许多学校的课堂在课改后变得生动、温暖，学生成为课堂的主人、学习的主人，教师也从繁重的工作中解放出来。然而，这一切都对教师提出了更高的要求，即学会为学而教、以学定教、先学后教、多学少教。在这样的要求下，教师便有了自我更新、自我改善的内在需求。

提高学生的学习能力。传统课堂的最大弊端是重教不重学，课改对此进行了革新，将学习的主动权还给学生。当学生对学知识充满了兴趣和劲头，学习效率也大幅提高。

让师生重获自信。师生的良性互动是学校教育生态的精准呈现。从改变学校生态入手，课改的精髓体现在最大限度地把课堂还给学生，让学生成为课程的主人。在这样的理念下，课堂教学由单向灌输型向双向合作型转变，由低效重负型向高效低负型转变。学生在学习中找到了乐趣，越来越会学、越来越自信。这样的正能量传递给教师，使教师重拾被人需要、受人尊重的幸福和自信。

促进义务教育均衡发展。在普及九年义务教育之后，"有学上"的问题渐渐让位于"上好学"的矛盾。义务教育均衡发展是在办学硬件条件基本达标的前提下，关注内涵发展，注重教育的公平与质量，让更多的人"上好学"。

公平与质量是教育的软实力，软实力的提升，不能像硬件条件改善那样靠投入解决，必须依赖于课改等教育改革方式的深化。课改并不排斥分数，而是在提高学生成绩的前提下，激活学生、解放教师，构建教育发展的良好生态，提升教育的软实力，最终实现义务教育高质量、高水平均衡发展的目标。

课改，农村能否提供另外一种经验

　　教育资源的配置，在很大程度上受经济社会发展水平的制约。处于经济社会发展二元结构一端的农村、边远地区和西部地区，往往是校舍简陋、教学设施不齐、师资短缺、教学质量差强人意。近些年，国家大力推行薄弱学校改造计划，农村、边远地区和西部地区的学校面貌发生了巨大变化，操场逐渐硬化了，课程逐渐开齐了，教育资源均衡的进程大幅加快。但是，城乡之间、中心腹地和偏远边塞之间、东西部之间，学校的软硬件差距，依然是基础教育均衡发展的"硬伤"。尤其是师资和管理，这些体现真功夫的软实力，差距还很大。教育实力的不均衡，直接损害了社会主义国家公平与正义的社会治理理念和价值追求。

　　远离城市、远离繁华，让农村的、边远的、西部的孩子更加渴望优质教育，他们用知识改变命运的愿望，更加强烈，更加迫切。农村更需要优质教育，农村学校更应该办成优质教育。可现实却是，农村、边远地区和西部地区的优质教育之路异常曲折和漫长。就算中央财政大力转移支付，在校舍操场和教学设施设备等硬件上，完全可以达到城市和发达地区学校的水平，但在师资、管理、教学安排和课程设计上，却难以与这些学校比肩。这种情况，由于城乡二元结构和地方经济社会发展状况的差异，依照常规的思路很难解决。掌握好观念、好模式的好老师，当然会向城市等经济社会资源较丰富的地方聚集。好的生源也会逃离农村学校，向城市学校聚焦。由师生等共同构成的教育氛围和校园文化，如学校的班风、学风和校风，农村教育也由于师生的素质不足，而难以与城市和发达地区的教育相提并论。但是，我们让农村孩子与城里孩子一样享受优质教育的理想和信念，百折不挠、坚强如钢，一定要实现。改变这种现状，必须依靠改革这一关键一招。

偏居于山东省西北部的一所农村中学——杜郎口中学，就奋力改变了现状，走上了优质发展的新路子。杜郎口中学，一所乡镇中学，一无好的师资，二无好的生源，三无专家引领，四无充足的办学资金，五无民办学校的灵活机制，六无现成经验可资借鉴，却在全国率先改革，把一所仍需要为生存焦虑的偏远农村学校，打造成为了学生学习兴趣空前、教师综合素质大幅提升，教育教学效果明显改善的优质学校，彻底改变了学校面貌，为农村孩子提供了家门口的优质教育服务。

考察全国课改名校，不论是山东杜郎口中学，还是河北兴隆六道河中学、河北迁安建昌营中学，多为农村学校。在缺经费、缺教师、缺好生源的情况下，这些学校通过改革这一关键一招，改变了农村教育生态和城乡教育格局。为广大的农村学校找到了一条不再需要低三下四四处化缘找钱、苦口婆心费劲心力招人，而能尽快提升教育教学质量、优化教育资源的便捷路径。

重大的改革典型，往往产生于欠发达地区。改革是被逼出来的。被困难倒逼，被问题倒逼，被现实的差距和不足倒逼。30 多年的改革开放，农村改革的典型安徽小岗村解放了生产力，那是吃不饱肚子逼的；城市改革的典型深圳特区解放了创造力，那是制约发展的陈旧观念逼的；教育改革的典型山东杜郎口中学解放了学习力，那是扼杀学生活力的传统课堂逼的。越是欠发达的区域，生存与发展的压力越大，用常规手段实现水平提升、事业进步的成本越高。没有钱、没有人，要生存、要发展，只能求新、求异，"穷则思变"。

教育改革是一项规模宏大的系统工程。从教育思想、理念，到教育模式、机制，都需要动手术、重新来，现阶段难以全面见效。但是人民群众的改革期盼等不及、慢不得，必须尽快回应。改革课堂和课程，无疑是教育改革牛刀小试的最优选择。让群众放心，让社会满意，教育改革实实在在地发生在身边了。

城市学校硬件过硬，师生优秀，教师待遇还好，升学率也不错，算是有名有利，在现行体制内犹如鱼儿在水，自得其乐。按部就班、不思改革，学校质量也不会太差，生存完全没有问题。改革的意愿和动力当然不足，因为任何改革都是有风险、有代价、有成本的。对于农村学校，改未必一定成功，但不改就注定失败。与其坐而等失败，不如选择奋而起身迎接挑战，通过课改，改变自身，赢得发展。课改，是农村学校、偏远学校、西部学校拓展生存空间，踏上良性发展道路的唯一选择。

课改是当前成本最低的教育改革。不需要额外的经费投入，不需要大量高水平的教师支撑，不需要对教学组织和评价考试制度进行根本性的变革。人还是那些人，校园还是那个校园，考试还是那样考试；只是改变了师与生的位置，改变了教与学的关系，就可以用全新的课堂结构和学生面貌，回报那些关心、惦念着农村、偏远地区和西部地区教育的人们。农村教育以课改破冰者和引领者的姿态，代表着基础教育的新生力量和改革方向，演绎着教育改革"农村包围城市"的世纪诗篇，令人鼓舞、催人奋进。

依法治国理念下的教育供给侧改革：以法育人

改革与法治，在今日中国，已然是时代主题。全面深化改革和全面依法治国，并称推动国家治理能力和治理体系现代化的"双轮"，好比"四个全面"战略布局的引擎和灵魂。

各行各业的改革，坚持以法治为目标、以法治为思维，"双轮驱动"，聚焦供给侧，关注"全链条"。以课改为先头部队的教育改革，当然也要这样。从教育教学全链条的第一个环节入手，回答好给孩子们提供什么样的课堂这一首要问题，课改就是教育领域供给侧改革的第一步。

依法治国对教育有两个要求：依法治教、以法育人。这不同于其他部门和系统。其中最根本、最重大、最核心、最本质的任务是以法育人，把广大青少年培养成为具有法治意识、法治精神的合格公民，提升全民族的法治素质。这是关系"四个全面"战略布局能否取得成功的基础性工程。

以法育人的"法"，既是给孩子们准备的"人生第一课"的课堂内容，也是在教育教学中一以贯之的教育思路和教学方法。首先要把法治教育纳入国民教育体系，开设法治课。同时，要将法治精神融入校园和课堂，融入学校日常行为规则和教学要求，融入校风、学风、教风和教学理念、管理理念。后者可能更为关键。让学校的每一幢房、每一面墙、每一个过道、每一间教室、每一棵树和草，尤其是每一堂课，都折射出现代法治精神的光辉。

因为素质往往产生于润物细无声的潜移默化中，特别是培养我们民族气质中不常见的法治思维、法治意识，依靠传统课堂的教育恐怕完全无济于事。以法育人必须改革课堂教学。

法治思维、法治意识，包含的内容有：强调平等、推崇协商，限制公权、保护私权，承认分歧、接受妥协，严格程序、讲求实证，敬畏规则、尊重秩序。一个关键词，即是"平等"。"法"字从"水"，水平，世界上最平等的事物就是水。当前，课改后的课堂就充分体现了"平等"这一法治精髓。

传统课堂是不平等的。师生之间不平等，教师高高在上，主导学习和学生，学生被动地接受教师的安排；同学之间不平等，人生而有别，不同禀赋的人学一样的东西，还要求一样、评价一样，结果就是把人分成了三六九等；知识之间不平等，知识本无贵贱之分，但教育的功利将知识分成主课副课，划分为特别有用、一般有用、没什么用等；学习的过程和结果不平等，学习是单方向的灌输，知识是一个方向的"流动"，没有反馈和互动的平等，学习结果也得不到即时展示和评价。指望以等级和不平等为突出特征的传统课堂，培养出具有平等意识的法治公民，无异于缘木求鱼。

不课改，无平等；不课改，无法治。法治国家、法治社会建设所需要的、具有法治思维和法治意识的时代新人，只能从课改后的课堂里走出来。

依法治国的要义是"限权"和"放权"。限公权、放私权，这些都在课改的课堂找到了极好的模板。课改就是要限制以教师为代表的知识拥有者的公权利，保护学生按照自己喜欢掌握与运用知识的私权利。在课堂里营造一种平等氛围，师生之间、同学之间、知识之间、学习过程和结果之间，形成平等基础上的互助、互通、互有。

法治素质的培养，与课改思路一脉相承、相得益彰，是法治的必然要求，也是课改的天然使命。以法育人需要课堂有新理念、新形态、新模式，课改后的新教育，其终极目标就是以法育人。

全国各地，不同的学校有不同的课改模式，课改的理论不尽相同，课堂的名称更是五花八门、不一而足，但是大家的目标都是一样的，就是要给孩子们更适合的教育，一种快乐的教育、有温度的教育、有人味的教育。真正的教育就是要更符合人性、更贴近生活，为人的幸福人生奠定重要的基石。而改革，特别是在法治精神指引下的改革，已经促使教育大踏步地向着这一正确的目标迈进。

这是改革的魔力，更是法治的光辉。

去行政化：高校改革的伪命题

近几年围绕着改革的总体部署和思路，高等教育改革，已经在协调政府、高校、社会三者之间的关系，完善内部治理结构等方面取得了系列突破。但是，钱学森的"世纪之问"，却让人们透过数量和规模的表面现象，直视高校鲜出人才的发展短板。为什么新中国成立 60 多年，没有培养出自己的"大师"？为什么高校学生"毕业即失业"的现象屡见不鲜？这些尴尬的问题，让中国大学在世人疑问的目光中，低下了高贵的头颅。

鲜有"大师"，高等教育无颜面对国家；就业不灵，高等教育无颜面对个人。高等教育的种种问题，加剧了"读书无用论"在社会上的蔓延。高校作为投入最多的教育工程，却没有与之相匹配的"产出"——高端人才。深入探究高校"人才工程"成效不显的原因，可谓十分复杂。整个社会对成功和成才的认识、对幸福人生的理解、对"大师"的界定等一系列问题的片面和不足，都会影响和制约高校的育人效果。当然，高等教育本身的问题，才是问题的症结所在。

一方面，政府、社会与高校的关系，尚未完全理顺，政府、社会职能的越位和缺位问题尚未得到很好解决。另一方面，教育管理部门的管理方式单一，运用立法、政策、规划、财政、信息等手段，开展综合服务和管理的意识不强。学校自身也存在治理结构不甚完善的问题，自律机制薄弱，学术权力不彰，自主办学难以落实。解决这些问题，首先要对学校治理结构进行改革。

学校治理结构改革，首先要对学校行政权力和学术权力进行重置，而当前最吸引人、鼓动人的举措，似乎就是"去行政化"——把所有高校的书记、校长和学校的院系领导、中层等一干人马，统统取消行政级别。很多人都赞成这个改革思路，认为取消了高校的行政级别，就是向"官本位"开刀，高校办学中的种种弊端，便可釜底抽薪、迎刃而解。事实上，这恐怕是改革的一道伪命题。"去行政化"，不仅解决不了高校发展面临的问题，还可能适得其反，使高等教育的发展之路越走越窄。

没有了行政级别，高校与政府部门之间的关系就理顺了吗？教育管理部门的服务意识、管理能力就加强了吗？学校内部的治理机制就完善了吗？上述问题，很难得到肯定的答案。或许只有一条，在人们的预期中可以得到改善，那就是可以杜绝行政权力对学术权力的压制，使学术组织与行政机构的关系正常化。其实，这同样也是很难实现的。

行政权力对学术权力压制的动因，并不来源于行政权力所有者的级别，而是源自行政权力对学术权力及其利益的觊觎。学术权力在于分配教学和科研经费。拥有行政权力的人，也想在教育和科研经费的分配上，占有主动权和话语权。这和其行政级别无关，与利益有关。行政权力在与学术权力的争斗中，并非天然的强势者；但如果掌握行政权力的人，又同时具备拥有学术权力的条件，这种情况就完全不一样了。也就是说，一个没有学术职称（身份）的校长和一个拥有高级职称甚至是学术权威的校长，在使用行政权力干预学术权力的时候，情形是完全不同的。

当一个学术权威一旦拥有了行政权力，就天然地同时拥有了学术权力。任何学术组织的规范建设，在其双重权力面前，只能认输。因此，高校治理结构的改革，重要的不是取消高校的行政级别，而是取消高校领导的所有学术身份，推行"领导去学术化"，从根本上斩断行政权力与学术权力相互勾结和渗透的可能。教授、专家可以当高校领导，但在任职之后，必须取消其学术职务和职称，永远不沾学术权力的边，全身心地当好行政领导，把学校的行政事务管好理顺，为一线的师生和科研团队做好服务工作。

只有行政管行政，学术归学术，才能迎来教授治学、专家治教的和谐发展局面，学术组织与行政机构的关系才能理顺。学术权力与行政权力，在各自的领域内规范运行，高校内部治理结构才可以不断完善，高等教育体制改革才能达到预期的效果。

没有思想者，大学何以被称为"大学"

人类的历史就是思想演变发展的历史。离开了璀璨的思想，人类历史与自然界动物的进化史，并无本质不同。

大学是人类思想的"银行"。尤其是在大学教育日益普及的今天，人们想方设法把自己的大学，建成思想的源泉和根基，以思想的力量构筑综合实力的精神骨骼。

哈佛的校训是：与柏拉图为友，与亚里士多德为友，更要与真理为友。柏拉图与亚里士多德，是思想的化身。真理本身就是思想的一种。从清华的"自强不息、厚德载物"到人大的"实事求是"，抑或北京交通大学仅仅两个字的校训——"知行"，无一不是高校办学思想的结晶，闪耀着人类思想的光辉。

从办学思想中凝练而来的校训，是大学的灵魂和品格。思想就是大学的生命线。没有思想的大学，不产出思想的大学，好比荒芜的花园，完全没有存在的价值。

走进大学校园，应该看到思想之树郁郁葱葱，随处都可碰到思想者。学子在草地上享用思想的盛宴，思绪穿越时空，对话先贤大哲……

每一所大学都期望自己的校园大师云集、英才辈出，思想之树高耸入云，思想巨人光芒四射。他们对一个地方经济社会的发展，对人们日常生活幸福指数的提升，都有着巨大的思想贡献，甚至可以影响和促进更大区域，乃至整个国家和国际社会的改变，传播人类的智慧，彰显思想的力量。但是，思想巨人的出现，不是一所大学的力量可以企及的，还必须依赖深厚的历史积淀，植根于现实的经济社会发展，吸收最新的科学技术，并与自然环境相互作用。我们只能不懈努力，只问耕耘、不求收获。这个问题，对普通高校如此，对于哈佛、清华这样的名校也是如此。

思想之于大学，犹如血脉和呼吸，须臾不能缺失。如果我们不能奢望思想的高度，是否可以寄希望于思想的宽度呢？走进大学校园，就算看不见思想的参天大树，也要期望思想如百花盛开。不需要惊世骇俗、光艳夺人，但愿有百样芬芳、生机勃勃；不是大红大紫、一花独放，而是万紫千红、繁花似锦。套用一句老话："百花齐放，百家争鸣。"那些思想如火花般、似雏菊样，不足以改变世界、引领人类，但一定会对一群人，至少是一个人产生影响，在心灵深处留下智慧和理性的种子。这是任何一所大学努力奋斗的正确目标，也是其存在的意义底线。

没有思想，请不要叫大学；没有思想，请不要办大学。大学，就是思想的"盛宴"。这个"盛宴"不一定要高端大气上档次，但必须货真价实有滋味。在这样的大学内，学生不会整日沉湎于游戏和恋爱，热衷于钻营和功利，而是开动脑筋，凡事好奇，追求知识、良心和理性，养成独立人格和科学思维。教师则是有知识、有骨气、有创见、有责任感的文人，不随波逐流，不患得患失，不人云亦云，不趋炎附势，更不会为了论文、职称和经费，出卖人格与尊严。他们不见得才高八斗、学贯中西，但一定有自己独特的思想和见地，并以独立人格、自由思想和批判精神，走进社会和人群，体现人文关怀，践行公共责任，追求真诚善良，维护公平正义，为这个时代书写更美好的史诗。

这应该是人们心目中好大学的样子！

这样的大学，学校领导深知行政权力和学术权力的边界何在，坚持行政权力远离学术利益。在学术研究和教学中，他们推行"独立之精神，自由之思想"（陈寅恪语），让每一位师生的思想，充分自由和放松，在校园内形成一种相对独立、宽松、自由、民主的学术思想氛围，让师生们的思想生出翅膀。

这样的大学，也许大厦不多但大师多，因为思想而具有了高贵的品格和灵魂。以独立之精神，得自由之思想，发现真理、发扬真理，创造思想的百花园，为学子们带来了思想的盛宴，为一个地方提供了思想的指引，成为一时一地人们精神的家园、文化的高地和灵魂的归宿。

这样的大学，也许"政绩"不多但学问多，因为思想而具有了独特的分量和光彩。不仅创造了思想的百花园，万千想法争奇斗艳，思想火花星火燎原，而且在其中必定会有机会生长出思想的参天大树，产生影响和改变人类和世界的思想巨人。

建设这样的大学，固然需要从社会环境的层面，创新理念、改革机制、净化风气、淡泊功利，重塑政府和教育管理者的胸怀和境界，但起关键作用的内因，还是让越来越多的大学享有办学自主权。给思想一片自由的天空，跻身世界一流大学的中国梦，就一定可以实现。

大学，开启怎样的人生之门

从理论上讲，经过基础教育，一个人就应该完成了从"生物人"向"社会人"的转变，可以走向社会，开始真正的人生。现代社会，随着高等教育的逐步普及，人们的学习时光得到延展，认为大学毕业才算是真正完成了学业，才可以走向社会，叩响未知的人生之门。

大学联系着人的一生中明显不同的两个阶段，既是学习、成长阶段的结束，又是工作、生活阶段的开始。如果把人生看作一部恢宏的乐曲，大学之前就好比序曲，大学之后才进入到正式的乐章，开始激动人心、跌宕起伏的主旋律。人生的主旋律谱写得如何、演奏得怎样，与大学息息相关、紧密相连。所以，不论大学有多少毁誉之词、爱恨之辩，"千军万马过独木桥"，人们还是要千方百计挤进大学，其目的就是通过这个"象牙塔"，开启一幅理想的人生篇章。

大学决定着人的生命走向和人生道路，也必然影响和导引着整个民族的未来和走向。对于个人人生和整个民族而言，大学的特殊意义和重要作用，都不言而喻。那么，大学究竟应该给我们怎样的指引？经过 4 年的寒窗岁月、校园生活，我们又能得到怎样的人生启示？

我曾有幸应邀参加了广州一所工业大学针对毕业生的一个论坛。学校邀请了几位著名校友和社会上所谓的"成功人士"，让他们谈自己的创业史，用切身的感受和经历，鼓励学生志存高远，帮助他们分析当前的就业形势，指导科学设计简历等求职文书……学生的情绪，一次又一次地被嘉宾热情激昂的演讲点燃。可是我却陷入了另一种思考。

台上诸君算是社会公认的成功人士，而台下近千名的学生，10年、20年后，都能够通过不懈奋斗，达到台上诸君的成功水平吗？除了少数人外，大多数学生，终其一生恐怕只能是平凡的社会一员，有工作，得温饱，过着平凡的日子，离所谓的成功相距甚远。

明知无论怎样奋斗都无法实现的目标，为什么还要勉强自己去追求，让自己今后的人生，生活在挫败和不甘之中呢？这不是不鼓励理想和奋斗。成功当然需要奋斗，但奋斗并不一定成功。大多数人无论多么用功，最后也不过是芸芸众生。既然已经知道结果，为什么还要固执地追求海市蜃楼？并且为此尝遍人生的艰辛，让自己的生活失去应有的光明和尊严、幸福与快乐？何况这种所谓的成功，就真的是人生真正的目的和意义吗？

人生到底应该追求什么，怎样的人生才是无悔和幸福的？这些关于人生的终极问题，看似太过哲学、有些深奥，但确实是我们在大学中，一定要认真思考和找到答案的问题。

有意义的人生，一定是快乐和有尊严的，同时，还要为他人甚至更多的人带去快乐和尊严。比如人类历史上那些伟大的名字，他们的人生为很多人，甚至是全人类带来了新的快乐和尊严。他们的成功与自身的努力分不开，但更本质的原因，可能是天赋、机遇和命运等。关于成功，爱迪生这样描述：成功就是99%的汗水加上1%的灵感，这1%的灵感是最重要的，甚至比那99%的汗水更重要。大多数的人，可能都不具备这1%的灵感，纵有99%的汗水，甚至是100%的汗水，也难以实现这种通常意义上的成功。

那我们这些"成功不了"的普通人，就没有幸福人生了吗？我们活着还有意义吗？当然有。我们不能为很多人带来快乐和尊严，但我们一定可以让身边的一部分人，甚至是一个人、几个人感到快乐和有尊严。全身心地爱自己的伴侣，让他（她）觉得，在你的心目中，他（她）是最棒的，你们就可以有幸福的一生。孝顺父母、疼爱孩子、关心亲朋，你的人生因为他们的感动和需要，变得美好与幸福，这又何尝不是成功的人生？

明白了这些道理，就有了正确的成功观、职业观。进行职业规划和人生选择时，就不纠结、不困难。不必被世俗的成功观绑架，耗费青春，虚度生命，追求一些本不属于自己的虚荣，到头来没有"成功"，反倒丧失了快乐和尊严，那样的人生才是失败。这些道理，初入大学就该学会。整个大学生活，应该在这样的人生观、成功观的指导之下，徐徐展开，层层提升；选课、交友，发展兴趣、增进友谊，才会有目标、有意义。视爱情为幸福的，就好好恋爱；愿孝心感动天地的，就多多待在父母身边；在读书中找到乐趣的，就努力练成"学霸"。大学应该让学生懂得人生、识得自己，学会做一个快乐和有尊严的人。这样，学生走出校门，才不彷徨、不浮躁、不盲目，才能踏踏实实地向前走！

高校党委书记，如何成为高校的灵魂人物

作为高校治理架构的基本形式，党委领导下的校长负责制，有着鲜明的中国特色，同时还体现了世界性高校管理科学的一般原理。党委书记的角色和作用，无疑是这一架构的关键环节和鲜明特色。

自古以来，教育都是国家意识形态领域的重要组成部分。基础教育是这样，高等教育更是如此。因为高等院校的毕业生可以直接走上社会，参与经济社会活动，成为社会的一员，因此，高校被视为社会核心价值观的策源地和发动机，备受关注。

在高校，党委书记好比企业的董事长，校长就应是总经理。校长正是以职业管理者的身份，担当起高校的具体运营工作。高等教育有其特殊规律性。管理者、运营人，特别是校长，应该是教育管理方面的行家里手。

高校党委书记与校长，二者工作所追求的目标和结果是完全一致和统一的。但他们的思维路径、行为方式和工作手段，因立场和身份的不同，应该不一样。校长的立场，应该是职业经理人的立场，敬业、专业、规范、精致，从事的是"技术活"，解决的是怎样培养人的问题。党委书记则要将党和政府对国家意识形态的构建思路，对社会核心价值观的培养蓝图，予以贯彻和落实，回答培养什么人的问题。校长是高校管理运行的具体"操盘手"，着重于学生"才"的提高，对于教育管理、科研和教学更专业、更熟习、更

在行，是学校的核心人物。党委书记要把握和引领教育教学发展的方向，服务于学生"德"的培育，是学校前进的旗帜和生命的灵魂。

党委书记之于校长，更属于精神层面，好比一个人的灵魂和思想；校长则更侧重于物质范畴，恰如一个人的头颅和心脏。头颅不等于头脑，心脏健壮也不意味着灵魂高尚。失去头颅，人不存在；心脏残病，人不健康。灵魂和思想，可能不会影响生存和健康，却会决定人的精神和层次，决定人的生活品质和方向。一个没有灵魂和思想的人，成不了大事，也走不了多远。对于高校，没有一个好的校长，学校的教学水平和学生质量就不敢恭维；没有一个好的党委书记，就像欠缺灵魂与思想的人活不出人样，学校也不可能办出档次，办出风格，办成具有自身独特的思想价值和传统的好学校。

高校党委书记，努力当好灵魂人物，承载和凝结学校的办学理念和思想，要处理好四个方面的关系：

一是党委书记个人与党委集体的关系。党委是集体领导，遵循民主集中制的"多数原则"，体现整体意志、集体力量。党委书记是集体中的一员，和其他委员一样，表决时也只有一票。书记要有集体意识，尊重其他委员，发挥每个人的作用。当然，任何群体和组织都不是抽象的概念，必须有具体的人来代表和体现。作为党委班子的班长，党委书记当然是党委的集体领导这个抽象概念的具体代表和体现。党委书记不同于党委中的其他成员，是"带头大哥"，要有担当意识，勇于负起领导责任。

二是党委书记与校长的关系。党委书记与校长，好比股份公司的董事长与总经理，一个代表所有权，一个负责经营权，要形成一个有机体，各负其责。在大政方针和班子建设上，书记要牵头；在学校日常运行管理上，校长要负责。书记对校长要尊重、信任、理解、支持，放手让其"经营"学校，在行政、教学、科研的具体工作上，少插手，不插手，努力远离学术权力。要主动沟通、协商一致，主动担当、推功揽过、甘居幕后、搭台补台。

三是党委书记与教师、学生的关系。大学的首要任务是育人。保证育人的方向，塑造人才的品德，是党委书记的首要责任。这就要求党委书记，虽然不具体管理教学、科研工作，也要主动和常年生活在师生中间。尊重知识分子和专家教授、学术权威，了解青年学生的生理、心理需求。与师生交朋友，用思想影响人，用人格团结人，用品行育化人，在广大师生与学校行政权威之间，形成矛盾的缓冲带和疏解器，散播正能量，打造学校的精神力量和思想传统。

四是党委书记与学校外部软环境的关系。学校的上级党政管理部门，校外相关业务管理部门，校外相关合作单位与服务机构，都是学校的外部软环境。任何事业的发展离不开外和内顺的环境。学校的内部经营与运作，主要依靠学校内设的部门和机构，而与外部管理部门和合作单位、服务机构打交道，就是校领导的主要任务之一。作为"一把手"和学校所有权的代理人，党委书记当然应该投入更多的精力，和谐环境、协调关系，为同事和下级顺利开展工作创造必要条件。

第 4 章

从职业探讨，为好教师"正名"

教师职业的含金量是考出来的吗

　　全面深化教育改革的帷幕已拉开，其中最闪亮的一项改革，就是师范院校的毕业生也须通过全国统考，才能取得教师资格，而不是直接予以认定。这对于高等师范教育而言，确实是一个巨大的变化。师范生毕业了，想当教师，也必须和其他专业的学生一样，零起点地参加资格考试，那当初又何必读师范专业？

　　如今，教师这个职业并没有那么强的吸引力，人们走上讲台也不再是因为热爱，而是为了生活。有很多教师是因为当初师范专业录取分数低，为了能上大学，或者能上重点大学，才报考了师范专业，就这样成了"预备队员"。真正热爱教师工作的只是少数。谁曾想，如今读了师范专业，想具备教师资格还要和非师范专业的学生，在相同的起点上竞争；而想改行从事其他工作，与非师范生相比当然又不占优势，甚至还被人认为缺乏综合大学的综合素质的训练，处于劣势。

　　有人说，这样可以对师范院校的教育教学改革形成倒逼机制，促进师范院校调整课程设置，加强对师范生教育实践能力的培养。这固然是改革的积极成果，我们也期望，因为教师资格证取得方式的改革，可以促进高等师范教育的质量提升。但是，师范院校是否会这样理解和配合这一改革措施，还是个未知数。

我认为，师范院校首先感受到的应该是挫败感，是对教育教学成果的失望。面对困境，师范院校在调整课程设置、提升教学质量要求的同时，还应思考如何保证师范专业的开设。目前，师范院校的专业设置中，师范类专业正在逐年减少，有些知名师范高校，更是不遗余力地发展非师范类专业，因为这些专业可以为学校带来名利。即使师范类专业，也没有把重心放在本科教学上，而是热衷于该类专业的非师范方向的科研。现在，这些师范院校，尽可能地砍掉师范专业，多办名为"适销对路"而挣钱较多的非师范类专业，更是名正言顺、理直气壮、心安理得。

这些年，为了缓解教师资源短缺、优秀青年不愿从教、农村和边远地区招不来又留不住优质教师的问题，很多师范院校都开始了免费师范生的培养计划，吸引和鼓励更多的青年人加入到教师预备队的行列。而且，免费师范生进校时，要签约承诺将来必投身教育、执教讲台。当新政策开始实施，免费师范生是否要与其他专业的学生一样，参加统一的资格考试呢？如果他们不去考，或者没考过，没有拿到教师资格证，又该如何履约？

此外，教师资格考试不仅师范生要考，而且还是如高考一般的全国统考。据媒体报道，全国统一命题、统一考试、统一划定分数线的教师资格考试，完全按照高考的要求进行组织，以提高教师职业的准入门槛，改变教师资格证含金量不高的情况。现阶段，虽然教师资格证没有多少含金量，但教师资格证的含金量也绝不是考出来的，而应该是职业受人敬重，享有一定经济和社会地位的外在表现。

教师的职业能力和素养，关乎教育教学的质量。当前教师的能力和素养确实不尽如人意，还有很大的提升空间，但这不是当前教师工作中的主要矛盾。教师队伍后继无人，优秀青年，特别是男青年不愿从教；农村和边远地区更是一师难求；教师终生从教的原因鲜有热爱，多因生计与无奈的现状。固然，加强师范教育、提升教师素质、加强教师师德和职业资格管理，是教育内涵发展的必由之路，但任何时代、任何社会教育的发展，都离不开高素质的教师队伍。规范教师资格证制度，离不开考试考核，但不能一考了之，更不该舍本逐末，热衷于如高考一般的技术层面的追求，而淡漠或遗忘了对教师队伍的人文关怀和改善整个社会对教师的职业评价的目标。

教师也是普通人

今天的教师与以往不同了。对于大多数教师来说，教书就是一份养家糊口的职业，难以承载太多的社会道德责任。

在受教育还是少数人的特权的年代，能够进学堂的主要是两种人：一是有钱人，二是对知识有着天然的爱好与渴求的人。那时人们普遍存在着"万般皆下品，唯有读书高"的理念，加之获取知识的难度较大，作为知识的传授者，教师得到了众人的敬仰。师者，不仅在学生中拥有"一日为师，终身为父"的崇高地位，还代表了社会道德标准和范式。所以，可以成为教师的只有一种人——拥有高尚道德、广博学问的人。当然，他们也要喜爱教师这个职业，执着于传道授业解惑的神圣使命。诚然，这些师者中间，也有基于糊口与谋生，将其视为职业或是生存需要的，也有在事业的低谷或转折期，暂时蛰居"西厢"，寄情学堂，以伺机行动的。但无论怎样，他们大都是一定范围和领域内的智者、贤者，甚至成为一地一时的道德高地和精神支柱。人们把他们喻为"红烛"，燃烧了自己，照亮了别人；称为"园丁"，默默奉献，精心栽培，换来百花争艳。师者，如同其传授的知识一样，令人崇敬和仰慕。

但是，今天教师的定位和内涵已与以往不同。对很多教师来说，教书只是一份养家糊口的职业，而不必成为社会道德的楷模。

一方面，读书、受教育，成为每一个人必须经历的人生成长历程。即便在边远的山区，也已经全部普及了九年义务教育。普及十二年、十五年基础教育的提法，也不断地出现在各地政府的决策规划中。人人进学堂、个个要读书的巨大社会进步，改变了整个教育生态。在很大程度上，知识，起码是基础教育的知识，不再具有改变命运的魔力。多数学生也不再觉得，读书是一种幸运或风雅；教师更失去了往日的崇高社会地位和道德楷模的内在自我认同。

另一方面，从整个社会职业系统中考量，教师的待遇也走到了谷底。虽然国家出台了政策以提高教师待遇，但在许多地方仍难以实现。据我了解，很多县级政府的一半财政已用于发放教师工资，如果大幅提高教师的经济待遇，地方财力恐无法支撑。而在政治待遇方面，教师群体的失落感也很严重。以前，教师是知识和道德的化身，在社会上地位崇高。谁家有个红白喜事，必要邀其坐上席，方有体面；谁家有点矛盾争执，必要听其一句劝，方知对错。如今，庞大的教师队伍，不会也不能继续站在道德的顶端俯瞰与指导人们的学习、工作和生活。于是，便产生了这样一种想象：教师从教不再因为学高品淳或对知识的钟爱，而仅仅是为了谋生。当教师队伍体量超大、知识对人生命运影响有限，以及现行教育体制下，教师对学生的管理失控，使教师这个职业很难恢复往昔的地位。辉煌不再、走下神坛的教师，成为与从事其他职业一样的普通人。这样的职业待遇和认同感，怎么能吸引社会的高级人才进入？失去了精英的教师队伍，又如何可以在学生的成长路上，传递更多能量？

不难看出，今日教师队伍的状况，与其境遇和内涵是匹配的。在这种状况下，若人们依旧把更多的社会道德担当寄托于教师身上，无疑是漠视了现实。虽然教师依旧是"太阳底下最光辉的职业"，却也只是一份职业而已。但他们明白，即使只是为了生计，也要有一定的职业素养、职业操守、职业道德。当人们依旧把社会道德模范这样宏大高尚的责任加之于教师身上，当他们像普通人一样做出错误的举动，并受到惩罚时，我们要关注到教师作为人也需要帮助的现实，而不应仅仅是唾骂，甚至放弃。

请解开教师身上的枷锁吧，用恰当的职业素养和职业道德来评判和要求他们，让他们以普通人的身份，经历最平凡的工作和生活。

好教师：爱比技能更重要

曾经读到一个中国教育代表团访问美国马里兰州外托沃尔小学时发生的故事，颇有感触。

外托沃尔小学因其卓著的教育成果被评为全美"蓝丝带学校"，这在美国基础教育界是一项很高的荣誉。在与该校教师座谈时，访问团的中方教师请教该校校长成功的秘诀。没想到，这位校长既没有谈办学理念，也没有谈课程创新、课堂改革，只是想了想，说道："最根本的一点是我们的教师特别有爱心，他们对学生的关爱远远超过了他们对专业技能的关注。"

这样的回答，可能让国内许多追求所谓"新理念""新思路""新模式"的教育人"大失所望"，或许他们也正等着，在大洋彼岸找到心仪的国际模式、西方特色，取"经"回家呢。

这个故事，让我想起了几年前的一件事。2011年的一天，我陪同九三学社中央委员会常务副主席邵鸿，赴贵州省毕节市一所农村初中调研。在和学校教职员工的座谈会上，望着这些被高原的太阳晒得红扑扑的特岗教师，我说出了久存心中的一番话："老师们，和城里的名师相比，也许你们没有和他们一样良好的环境和知识水平，也缺乏他们所具有的教学技巧和专业技能。在一般人的眼里，你们不是好教师，在很多方面都需要学习、提高。但我想说的是，你们有爱心、有责任感、有奉献精神，愿意在大山里，用人生最美好的青春，陪伴孩子们成长，送他们走出山门、迈向世界。在我心里，你们才是最好的教师！"听了我的话，老师们热烈地鼓掌。我知道，这掌声主要是送给他们自己的，他们被自己感动了，一些人还流下了热泪。

离开这所山村学校，我一直在思考。他们没有名牌大学的毕业证书，不一定能教出大家，也与通常意义上的名师相差甚远。那么，好教师到底是什么样的，应该具备什么能力？品德高尚、学富五车、点石成金，在他们的教育下，学生能够成为像钱学森、杨振宁一样的科学家，这当然是人们所期望的好教师，但这样的好教师要到什么地方去找？即使找到了，他们又愿意到农村、山区的学校任教吗？假使边远教学点有了这样的好教师，真的能够或者需要将所有学生都培养成人们心中大家的样子吗？

答案是否定的。教育，尤其是基础教育，应该更注重学生成长的生命过程，而不是生命的终极意义，更不应该仅仅将其定义为学生成功的台阶。那应该是一段有阳光、有欢笑、有泪水的时光。所以在某种程度上，教师应成为职业化的父母，是父母职责的延展。那么，父母对孩子本能的情感是什么？当然是爱！天下没有不爱孩子的父母，他们之间的差别只在于如何去爱、是否会科学地去爱。所以，教师应该成为受过训练，知道如何科学地爱孩子的职业化父母，而非高度理性的专业技师。

教师要给予学生的爱，是欣赏、满足、包容、鼓励、感动，也是陪伴。其中，教师最应该给予学生的是陪伴。如果没有陪伴，就不会有交流、体验，更不会有教育发生。没有"母体"的陪伴，成长只能是一种野蛮生长，更不会有文明的传承。陪伴所要求的素质中，爱是第一位的，责任是最关键的，而技术或者称之为专业知识、专业技能一类的东西，是最微不足道的。

今天，教师是一群队伍庞大、收入不高的职业人。要求他们中的大多数，学贯中西，知识渊博，高居人才"金字塔"的上部，不现实，也不科学。他们只能是职业化了的"父母"，有那么一点专业技能和专业知识，按照现代社会分工的原则，代替需要工作而又欠缺教育技能、教育知识的父母，照看、陪伴孩子们成长。爱心、耐心和责任心，当然不能少。

正如外托沃尔小学的校长所说，是因为教师对学生的关爱，超过了对专业技能的关注，才令他们的教学质量更胜一筹。这是无论贵州省大山里的乡村教师，抑或美国优质学校的教师都明白的道理：从事教师这个职业，爱比知识重要，陪伴比传授知识重要。

小学教育呼唤全科教师

　　谈到基础教育，人们总要讲到农村教育的"空洞化"。福利待遇低，使农村教师弃教进城务工经商，或是跳槽去城里的学校；大量的农村学生也加入城镇化进程产生的迁移大军中，跟随父母到城里学习和生活。

　　教师没了，学生也严重流失，学校成了"空城"。而随着学生数量的减少，上级教育行政部门下拨给学校的经费和教师编制也相应核减。一些农村学校甚至已无法开齐国家规定课程，这种现象在一些规模小的农村小学尤其严重。教育是最大的民生。作为教育的一环，农村教育不能荒废，只能加强。我们要想方设法，鼓励更多的青年才俊扎根农村，教书育人。

　　但是，大幅提高农村教师，尤其是村小教师的福利待遇，农村教育缺乏高水平教师的状况就能迎刃而解吗？事实上，不只是农村学校，城市学校同样缺少优秀的小学教师。造成这种现象的根本原因，在于现行教育制度的设计，没有弄清楚小学教育的根本目的和基本需求。

　　目前，小学教学是分科进行的，从一年级开始接触语文、数学、科学和艺术等科目，并分别独立设置。任何科目的教学工作，一位合格的师范专科毕业生都可以胜任。因此，从某种程度上讲，越是专业知识水平高的科任教师在单纯教授某一科目时，越难有来自讲授专业知识带来的挑战和成就感。这直接导致科目教师只会教书却不善育人的局面。

　　小学是启蒙学生的重要阶段。学生要在这里开始系统地接触自然和社会科学知识，并初步认识和了解社会，所以他们不需要深奥复杂的知识。身为教育人，小学教育中更为重要的元素被我们忽略了，即学生品德、情感、操守和交往能力的培养与获得。我们之所以将其忽略，一方面是因为科任教师知识结构不完整，另一方面则是因为教育制度设计存在问题。现行教育制度要求科任教师术业有专攻，上课时主要讲知识、授技术。他们与学生的交流仅限于课堂上知识的单向传递，使学生的情商和身心发育成为教学的盲点。其实，科任教师也很苦恼，因为学生品德、情商的训练与培养不是他们擅长的。于是，这种重知识轻品德、重技术轻情操的小学教育，难以让学生得到全面的启蒙和成长教育，学生的全面健康成长也就成为了一句空话。

　　教育是什么？马克思说："教育绝非单纯的知识传递。教育之为教育，正是在于它是一种人格心灵的唤醒。"基础教育，尤其是小学教育，应唤醒学生什么？应唤醒学生对自己、对生命、对自然的尊重和欣赏。怎么唤醒？按规律陪伴和引领学生健康成长。所以，教师能够爱学生就是最美的师德，陪伴学生就是最好的教育技巧，守望学生就是最应遵守的教育规律。

　　教师由爱出发的陪伴，就是小学教育的全部。对于小学教师，我们不应苛求其专业知识和授课技巧的精深，而应鼓励他们更多地拥有倾听和引导能力，懂得陪伴和守望；不要只站在讲台上传授知识，而是要消除讲台和课桌的距离，走到学生中，进入他们的世界；不要下课后匆匆离开教室，而是要和学生打成一片，和他们聊天、谈话；不要只有上课时才出现在教室，而是要在教室办公、上课，和学生一起生活、学习，就像和家人一样。甚至可以考虑将语文、数学、历史、科学等科目的教学工作交与一位教师——学生掌握知识的量不重要，重要的是教师成为学生的朋友，一起开心，一起烦恼，一起游戏，一起吃喝，一起读书，一起成长……只有这样，教师才能懂得每一位学生的真实情感，知道每一位学生的优缺点，清楚每一位学生的禀赋与品行，唤醒学生心中最美好的感情与灵性，激发每一位学生的尊严和人格。

　　既然教师要教授所有科目，我们暂且称他们为全科教师吧。现阶段，每个班中有一到两位全科教师即可。他们不需要具备高深的专科知识，而是要能够静得下心、弯得下身，陪在学生身边，引导他们健康成长。这对于农村小学师资短缺和教育教学水平不高的问题，既是缓解，也是纠正。教育的"空洞化"也好，"空心化"也罢，在农村都将不再是问题。

让教师活得有尊严

　　教师，这个曾经与"天地君亲"一道，在中国享受膜拜的职业，如今早已走下神坛，成为一个普通的职业。从教育的平民化、世俗化和社会分工的细化来讲，这并非坏事。但是，教师职业的特殊性，要求从业者须保持思想自由、精神独立，同时要有自尊、自信。因为唯有教师自尊、自信，才能传递给学生尊严和快乐，培养学生健全的人格。

　　现实中，为了生活得更好一点，教师和其他行业的人们一样，也会在权力和金钱面前迷失，甚至无奈地出卖尊严和体面。这对于其他的普通职业而言，一点也不稀奇。但对于一个教师而言，特别是整个教师群体而言，这就成了不得了的大事。因为一群没有多少个人生活品质和人格尊严的教师，自然教不出有尊严、懂生活的新一代。

　　中国终于在 2013 年实现教育投入占 GDP 总量 4% 的目标。但是，这些经费大都用在了改善学校硬件条件上，学校建起了新校舍，教室装上了"班班通"等多媒体，操场也铺上了塑胶跑道。教育硬件资源得到极大补充，有些学校的硬件水平已经超过了发达国家水平。

　　教育"信息化"、教育"标准化"、教育"现代化"，美化了校园、敞亮了教室，也肥了不少老板。我们距离实现教育现代化的目标看起来也越来越近，可学生并没有因此而得到更多的好处，教师的境遇也没有切实得到改善。教师仍然在为投入与产出的不对等而苦恼，为付出与回报的不匹配而纠结。备课时，他们病重的父母也许正没钱看病；上课时，他们的妻子可能正在外劳累奔波；批改作业时，他们的孩子可能还前途未卜……柴米油盐酱醋茶，同你我一样，教师也是有喜怒哀乐、七情六欲的普通人，也要面对生老病死、成家立业等问题。虽然在课堂上、在校园里，他们愿意放下烦恼、奉献自己，但他们也只可以付出自身，甚至很多时候，除了尊严，教师再没有可以奉献的东西。

当今，很多地区农村教师的收入只能勉强糊口，他们买不起房子、养不起老人。对于城镇学校的教师，多数人的境遇并不如人们想象中的好。这些都是导致教师队伍中能真正安心一生从教者不多的原因。一方面，相较于很多职业，教师的工资不一定是最低的，但其他职业所包含的隐性收入和福利，以及职业带来的名利与好处，却是教师职业所没有的。另一方面，"教而优则校，校而优则局"，由教师升为校长、局长，是很多好教师的梦想，甚至有人想一步跳离"教"门，直接转为公务员。

当教师不再高高在上、受人景仰，当教师缺乏为人师者应有的尊严和魅力。这样的教师怎么能够传递更多的正能量，引导新一代走向美好的明天。

常听人们诟病：大学里有大厦无大师，中学里有人气少人味。操场虽艳，青春却无色。学生可以在比以往都光鲜亮丽的教室里学习，却没能形成与之相匹配的素质和能力。重硬件轻软件、重技术轻人文，许多设备从搬进校园就开始闲置，甚至一个西部县城的中学，宁愿把经费用在建造恒温游泳馆上，也不愿用于增加教师收入。

今日教师不仅不再高居神坛，连基本的体面和尊严都难以寻找。甚至，专司教师培养之职的师范大学，都觉得"师范"这个门楣不那么光彩，纷纷设立非师范类专业，乃至公然改换门庭，以图离"师"字越远越好。越是大牌的国家级师范大学，越是改得快，改得多，改得彻底。教师何辜啊，他们的母校、教育的"母机"，师范高校都觉得自惭形秽，都觉得沾上师范就不"高大上"，我们基础教育的普通教师，又能到哪里去寻得自尊、自信？

这就是我们的学校，这就是我们的教育，一边用大量资金堆砌校园，一边用空洞的师德鼓励教师艰苦奋斗、无私奉献。改善办学硬件条件不遗余力，可偏不愿为改善教师工作和生活状态多一点投入。爱建高楼大厦、喜看宽庭敞院，却无视在里面的活生生的人。

民族前途系于今日学子，今日学子的状态则取决于教师。多关心、关爱我们的教师吧，让他们活得自信、自尊、快乐、幸福，学生才能拥有更美好的明天，我们的民族才会有更长远的未来。

第 5 章

从特教延伸，给力特别的教育

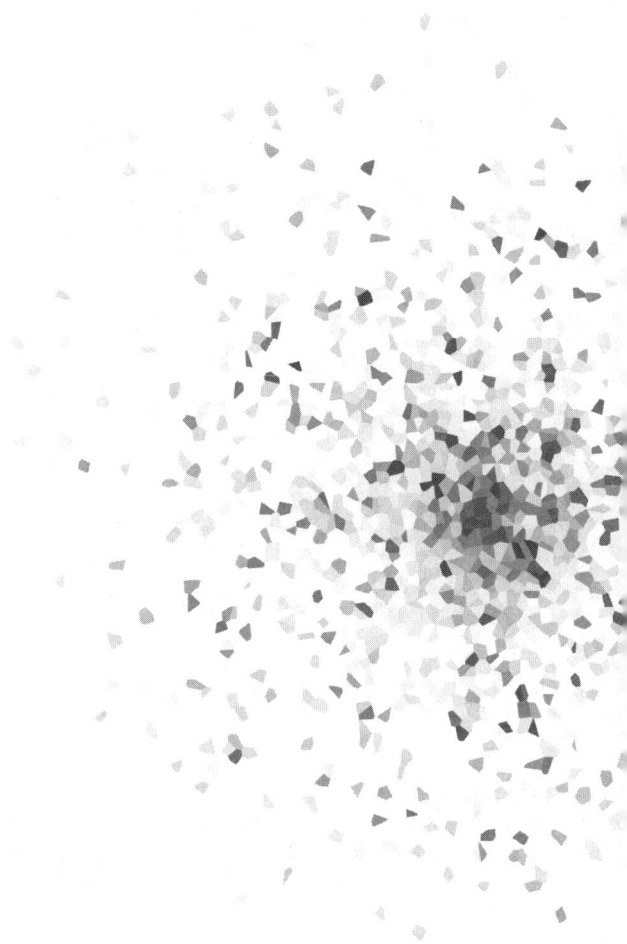

特殊教育：以国家的名义

特殊教育是为了满足有特殊学习需要的儿童、少年乃至成人而设立的教育。这些有特殊需要的人，一般是残疾人。残疾人包括视力、听力、言语、肢体、智力、精神残疾，以及多重残疾和其他残疾的人（自闭症、脑瘫、语言障碍、智力落后等）。特殊教育主要使用经过特别设计的教材和教学设备，通过一定的教法和教学组织形式开展对应和指定的课程，对有特殊需要的儿童进行指向一般或者特殊培养目标的教育。希望能够最大限度地满足特殊儿童的教育需要，发掘他们的潜能，增长知识、获得技能、完善人格，初步具备生活和工作能力，成为可以在未来社会中自我发展的人。

特殊教育是小众教育，针对的是社会中的弱势群体。把小众的事当成大众的事来办，关注弱势群体的生活品质和人格尊严，昭示着一个社会和国家迈入了现代文明，具有了实质意义的综合实力，是国家强盛的标志。

早在1951年，特殊教育就成为新中国国民教育体系中的一个重要组成部分。但是，直到20世纪80年代中期，特殊教育也只能覆盖到城镇，而分布在广大农村地区的80%的残疾儿童，成为特殊教育发展的盲区。然而，随着国家综合实力的提升，近20年来，特殊教育走过了普及、提高、多元的历史进程，不仅初等教育和职业技术教育得到蓬勃发展，学前教育、中等教育，甚至高等教育都有了很大的发展，普通学校附设特教班和残疾儿童在普通班级随班就读的形式，更是遍及神州大地。目前，我国基本形成了以教育部门为主，民政、残联、卫生等部门和社会力量作补充的特殊教育办学模式。

2014年，国家开始实施《特殊教育提升计划（2014—2016年）》。强调紧紧围绕公平和质量，推进特殊教育改革与发展。针对未入学残疾儿童的残疾状况和需求，按照全覆盖、零拒绝的工作思路，一人一案，逐一作出安排，大力提高普及水平；建立健全以特殊教育班和随班就读为主体、特殊教育学校为骨干，从学前教育到高等教育互相衔接、普特融合的特殊教育体系；着力提升特殊教育服务能力，以教师、教材、教法"三教"为核心，狠抓教育教学质量；深化体制机制改革，提高服务保障能力，建立"政府主导、部门协同、各方参与"的特殊教育工作格局。但是，要彻底激发特殊教育的活力，还需要我们在以下10个方面进行改变与努力：

提高普及水平。把特殊教育作为义务教育均衡发展的重点工作，发展学前教育、扩大高中教育、加强职业技术教育，并在高等教育领域大胆尝试特殊教育。30万人口以上的县（市、区）应有一所特殊教育学校。残疾儿童数量较少的县（市、区），要以政府购买服务的方式，设立特殊教育班和随班就读机制。

重视早期干预。儿童的年龄越小，可塑性就越强，尤其是有视听障碍的残疾儿童，如果错过了开发智力和语言能力的最佳期，往往事倍功半。所以，政府要积极开展3岁以下残疾儿童早期教育，支持和鼓励社会力量举办残疾儿童学前机构，引导普通幼儿园招收残疾儿童入园。

突出因材施教。1994年世界特殊需要教育大会通过的《萨拉曼卡宣言》指出："每个儿童都有其独特的特性、志趣、能力和学习需要，教育制度的设计和教育计划的实施应该考虑到这些特性和需要的广泛差异。"差异和特殊是特殊教育的基本特征，因此，特殊教育应更重视个别教育，强调满足不同学生的特殊需要。

落实资助政策。全面实施残疾学生免费义务教育，对在特殊教育学校寄宿的残疾学生给予生活补助。同时，将在全日制高等院校就读的残疾学生、经济困难残疾人子女纳入资助体系。

科学配备设施。按照国家《特殊教育学校建设标准》，为特殊教育学校采购和配备相关教育教学和康复仪器设备。

优化功能布局。实行县（市、区）特殊教育以小学为主，兼顾学前和初中，重点办好启智教育；市（州、地）特殊教育以初中为主，兼顾普通高中、中职，重点办好盲、聋哑教育；省级重点发展残疾人高等教育。

加强师资建设。按照师生 $1:2.5 \sim 1:5.5$ 的比例，为特殊教育学校配备教师，保持特殊教育教师队伍相对稳定，并严禁挤占、挪用和截留特殊教育学校教职工编制的行为。

推进医教结合。开展特教康复课程研究与开发，为残疾学生提供有针对性的康复训练。开发不同年龄阶段和不同残疾类型的康复课程，并配备专职康复教师。

加强中外交流。国外特殊教育有许多值得借鉴的地方，所以要扩大特殊教育的对外开放水平、促进中外交流，便于提高教育教学水平，增强学生的自信心和身份认同感。

确保经费投入。逐年提高特殊教育学校生均预算内公用经费标准。同时，逐步提高各级财政特殊教育专项经费和教师特殊教育津贴比例，保障特殊教育的可持续发展。

特殊教育中蕴含的教育本质

　　特殊教育面向的是一个特殊的群体——残疾人。因其特殊，让我们可以更好地认识和理解教育的本质。关于教育的本质，国内外有很多表述，例如"教育就是要让人成为人""教育在于唤醒""实现人由'生物人'向'社会人'的转变""生活即教育"等，不一而足。归结起来，无非是让人通过教育生活得更有品质，更有人情味。

　　无论怎样，唤醒一个身体或心智有残疾的人，让其被社会认可和接纳，独立自主地生活，不是一件容易的事情。特殊教育就是要做这件事。正是因为不容易，我们更要做好特殊教育。

　　但是，当我们面对残疾学生时，才会发现，对有特殊教育需求的学生，追求大一统、标准化的"工厂式"教育根本无法满足他们的学习需求。因为他们的残疾程度和部位是不同的，有身体残疾，也有心智残疾。在特殊学校，很难找到两个一模一样的残疾学生。视力有问题的，可能听力还好；视力的问题由于残疾的原因不同，问题的严重程度又会完全不同；听力不好，其他方面可能又有过人之处；听力的损失程度也因人而异、因时而变……在这些特殊的人群中，人类的缺陷和遗憾触目惊心。一个人可能有单一方面的残疾，也可能是这样那样的几种问题都有，单一方面残疾的程度也各有区别，混合型的残疾可能不光有身体的缺陷，还有心智方面的问题。这些问题千差万别、千奇百怪，以不同的方式和程度组合在不同的人身上，形成缺憾，也可能同时造就某些超常的特殊禀赋。常言道，上帝关上一道门，就会为你打开一扇窗。身有缺憾，往往会伴生出相应的特别天赋。比如盲人听力总是超常地好，聋哑人对色彩一般都会更敏感，他们要用双倍的听力或眼力来感知世界，以补偿看不见或听不到的遗憾。这些人，当然也和普通人一样，对未来的人生有着这样那样的愿景，只是基于各自身体、心智状况的差别，这些愿景完全不同于他人，完全不能统一规划和实施。对他们的教育，一个课标、一本教材、一套方案，根本就行不通。要让每一个特殊学生都能够实现由"生物人"向"社会人"的转化，顺利融入社会、自主生活，就必须一人一案，针对每一个人提出具体的学习方案、学习内容和学习要求，真正和完全地做到有教无类、因材施教。

从孔子开始，中国人就懂得了人是生而不同的，有人长于思维，有人热衷行动。即使是同一个人，随着时间和处境的变化，其思想和行为也会发生变化。教育要做到有教无类，首先要承认人与人之间是有差异的，即人有先天差异，进而尊重和顺应这种差异，进行差别化、个性化的教育，从而实现由"生物人"向"社会人"的转变，形成统一的社会规则和文化，同时也保护个人的个性和特点，为社会的进步和丰富提供活力和色彩。

这种教育观有两个基本判断：一是作为个体，人从来就不是完美无缺的；二是整个人类都是有缺陷的。这种教育观，既不承认人生而一样或相差无几，也不认为不同人可以按一样或相似的标准和模式对其进行教育，更不接受所有人都能被培养成一样或差不多的工业化的"产品"。尤其是在面对特殊教育，面对残疾学生时，离开个体而空谈以人为本，不仅是对人本思想的亵渎，也是对人本身的不尊重。

其实，从广义上讲，每个人都是"残疾人"，只是与平常意义上的残疾人相比，我们残疾的程度和方面不同而已。残疾人仿佛是人类的"微缩版"

和"戏剧版"。一方面，就像自然界中找不到两片完全相同的树叶一样，这个世界上也不会有两个完全一样的人。每个人都是唯一的，也都有这样或那样的缺陷，只是没有达到医学意义上的残疾程度。另一方面，人们眼中的残疾人，无非是把普通人也或多或少具有的缺陷以极端的形式表现出来，就好比微缩景观，一眼望去，原来只能局部仰视的崇山峻岭，也不过就是些尽收眼底的沟沟坎坎。就像是看一部戏剧，短短一个多小时，人生的喜怒哀乐、悲欢离合，全都浓缩在里面。

我们没有医学意义上的肢体残疾、智力残疾或其他残疾，我们是正常人。但是，面对正常人，教育尚且要懂得每个人都是唯一的，要让每个人都享受到适合其个体特性的教育，更何况是特殊教育。所以，无论是何种教育，适合的才是最好的，而一人一案应该成为每个教育人的最终目标。

特殊教育的关键：融入与尊重

　　面对特殊儿童，我们的内心总是充满了复杂的感情。他们小小年纪身体就有残疾，诸如失明、失聪、肢残甚至脑瘫等，生活在黑暗或无声的世界，人生还没有开始就已经残缺不全。我们心痛、难过、怜惜、同情，为他们的未来担忧。漫漫人生路，头脑灵活、四肢健全的人都会感到极其艰辛坎坷，他们又该如何面对？看到他们，我们的恻隐之心油然而生。可是，当我们真正走进一所特教学校，走近特殊儿童，用心去体会和感受他们的心灵和世界，往往又会有迷茫和反思，我们给的东西真是他们最需要的吗？

　　事实上，他们比我们想象的更坚强，他们的脸上很少有痛苦和渴望帮助的表情，更多的是宁静和安详；他们比我们想象的更能干，盲人可以随意地上下高低床，聋哑人可以跳出整齐的舞蹈。正常人觉得生活的种种不便，对于他们来说并没有特别之处；他们比我们想象的更豁达，身体的缺憾并不是不能触及的雷区，他们甚至会主动和你讨论他们的不完美，但是对你的帮助可能并不领情。他们最渴望的就是像正常人一样生活，而不是别人的同情和照顾。他们希望融入集体、融入社会，不想因身体特殊的原因而受到他人特别的照顾。自食其力，像正常人一样，甚至还能够帮助他人，是他们最想得到的尊严。

　　曾经读过一个故事，让我对那些特殊儿童有了更深的理解。

一个冬日的傍晚，公交车的候车队伍有序而安静。此时，一个男人牵着一条导盲犬，从远处走来。男人在候车队伍的不远处停了下来，这时，队伍中的一个中年男子突然合上手中的书，悄然走到盲人男子的身后，其他人也紧随其后，没有一丝骚动。吸烟的人，瞥了一眼导盲犬，稍作迟疑后掐灭了刚刚点燃的香烟，也跟着排到了队伍的后面。一个新的候车队伍，在盲人的身后排开。

一会儿，公交车到站了。"您稍等一下，我这就……"司机刚准备搀扶男子上车，却被他礼貌地回绝了："谢谢，不用。"男子执意在导盲犬的引领下自行上车。当时正值下班高峰，车上满是乘客。然而，那名男子上车后，人们迅速向后部集中，在狭窄的车厢里为他留出了空间。紧挨着司机身后，坐着一位六七岁的小男孩，站在旁边的妈妈把小男孩拉了起来，让出了座位。虽然妈妈举动突然，但乖巧的小男孩没有流露出一丝不悦。导盲犬抬头看了一眼，便将主人引领到空座上，然后静静地趴在一旁。

小城不大，男子很快到站了，跟司机简短道别后，与导盲犬下了车。公交车内沉默依旧，一种无声的关爱、自然的默契和深沉的尊重在沉默中缓缓流淌。

很平常的故事，没有太多波澜，却令人沉思。在人的尊严面前，任何不劳而获，或者少劳多获的美味食物、华丽服饰、舒适居所和便捷出行，都是那么的不值一提。真的爱他、心疼他、关心他，就应该给他足够的尊重，让他像正常人一样有尊严地活着。而比起一般的正常人，甚至比起成年的特殊人群，特殊儿童更在乎尊严，更需要尊重。

因此，作为教育管理部门，我们要坚决落实"一个都不能少"的承诺，对辖区内的每一位特殊儿童做到心中有数、一人一案，创造条件鼓励每一位特殊儿童参与集体生活。能上学的进校学习，不能上学的采取多种形式，让其与外界保持有效接触。此外，也可以建立特殊儿童之间的互助机制，组成家庭或者社区特殊学校。不要让他们与同龄人隔离，积极推行"随班就读"的形式，组织有条件的普通学校接纳特殊儿童随班就读，让特殊儿童尽早地与正常社会接触。

教育要面向每一个学生，当然包括特殊儿童。接纳特殊儿童是每一个普通学校落实这一教育理想的重要标志。政府要投入人力物力，建设好普通学校的资源教室，帮助特殊儿童在普通学校不断成长、快乐学习。随班就读是特殊儿童接触正常人和社会的有效途径。对于特殊儿童而言，能够在普通学校学习，将来融入社会，自食其力的机会就大很多。大力发展随班就读，是特殊教育现代化的重要方向之一。

要给予他们尊重，尊重他们独立的人格，尊重他们与命运搏斗的精神，不要只送他们"鱼"而疏忽了教他们"渔"。对于我们每一个人而言，千万不要爱心泛滥，轻易表达所谓的同情甚至是当面施舍爱心、馈赠钱物，这样只会刺痛特殊儿童宝贵的自尊心。自尊心是人的快乐本源，是一切教育的动力所在，自尊心的养成来自他人的尊重。请把我们的同情和怜悯，换成尊重和欣赏，默默地陪伴着他们，陪他们一起翻山越岭、披荆斩棘，迈过人生的一道道沟坎，成长，成长，再成长。

特殊教育要特别"给力"

2014年年初，国务院召开高规格的全国特殊教育工作电视电话会议，李克强总理对特殊教育作出重要批示，开启了中国特殊教育的元年。

特教元年，有一个声音越来越响亮——"让残疾儿童与其他人一样，接受良好的教育"，提出了特殊教育的提升目标，即全面推进全纳教育，使每一名残疾儿童都能接受合适的教育。贵州省计划让视力、听力、智力三类残疾儿童义务教育入学率达到83%，在10个以上的县建立残疾儿童随班就读资源中心。到2016年，视力、听力、智力三类残疾儿童义务教育入学率将超过90%，建立残疾儿童随班就读资源中心的县在30个以上，在全省各个市（州）都建有残疾青少年职业教育实训基地。

实现这一目标，要求我们"高度重视，带着深厚的感情，履职尽责，特教特办，认真实施好特殊教育提升计划"，在学前教育、义务教育、高中教育等各学段，推行全纳教育。

诚然，管理者在给予残疾儿童关注的同时，也要意识到：搞好教育，教师是关键。当前，特殊教育发展的最大困难是合格的特教教师数量不足，我们的当务之急是建立入职绿色通道，确保师资队伍稳定发展。按照师生比1∶2～5.5（聋校1∶2.5～5.5，盲校1∶2～4，启智校1∶2～3.5）的标准核定教师编制；启动特教师资培训3年计划，加大"国培"和"省培"力度，突出特教骨干教师、学科带头人和校长队伍的培训；选拔特教骨干教师组建省、市（州）特教资源中心教育辅导团队，开展随班就读教育教学示范和巡回辅导，推动普通学校与特殊学校师生的交流；加强特教科研建设，配齐、配强特教专干和教研员，通过社团或组织，整合教育、医疗、残联的力量，提升特教教师教学与研究能力；关心特教教师的生活与工作，在评优选先、职称评定、培训提高和外出疗养等方面予以倾斜。

我们关注特教教师的工作与生活，不仅是为了让教师个人有更好的发展，同时也是为了让残疾儿童接受更好的教育。因此，在教育教学中，我们应一边鼓励特教教师加强学习，一边强化教师对学生的职业培训和生存训练。这要求教育管理者首先要依托相关院校或机构，建立面向残疾儿童的职业培训基地，针对他们的特殊需求，开展岗位技能和就业本领的提升培训。建立特殊人群就业和培训的实名信息化动态管理系统，逐步形成学生接受特殊教育、参与职业培训，进而自食其力的良性循环。各级人力资源市场和相关部门也要为残疾学生提供免费的就业服务，以自食其力为导向，实施创业指导和上岗培训。各类职业培训机构和医疗单位，也要把服务特殊儿童视为应尽的义务，推进职业培训和生活自理锻炼，探索医教结合、康职一体的特教服务体系。

特殊教育需要全社会的关注，地方要加大特殊教育的基础建设力度，结合农村义务教育薄弱学校改造计划，改善特教学校教育和康复训练设施设备，加快校内特殊儿童学习、生活的专用设施建设，并在承担随班就读残疾学生较多的普通学校，建设特殊教育资源教室，为残疾学生提供有针对性的康复训练。同时，加大省、市（州）两级特殊教育资源中心建设，强化特殊教育信息化软硬件建设，争取用三年时间普及教师电子备课室、学生计算机室，实现全省特殊教育学校"校校通、班班通、人人通"。

为进一步提高特殊教育的水平，管理部门应优先安排特教学校基本建设资金，教育、卫生计生行政管理部门，对特教科研和医教结合、康职一体工作，给予必要的经费支持。其他相关部门要合理安排特教科研专项经费，落实特教教师工资福利待遇政策，并保证在普通学校承担随班就读教学和管理工作的教师与特教教师同等待遇；为送教上门教师以及承担医教结合和康职一体实验的相关人员，提供必要的工作经费；不断完善残疾学生资助体系，在实施义务教育阶段残疾学生"两免一补"的基础上，将符合条件的特殊教育学校学生纳入城乡居民最低生活保障范围，支持和鼓励社会力量资助残疾学生。

职业价值观，影响职业教育发展的关键

现代教育在国内的发轫，是以成规模的集中的学校教育为标志的，很大程度上得益于实业救国思想对职业教育的需求。可以这样说，职业教育，比之普通教育，更能代表现代教育，更早或至少是同一时期在国内兴起。

130多年来，现代职业教育，伴随着中国经济社会的发展变革，经历了兴盛和低落交替的不凡历程。改革开放后，国家多次强调大力发展职业教育，并出台《中华人民共和国职业教育法》。近年，教育部门更是明确中等职业教育要与普通高中规模相当，普职比实现1:1。职业教育，特别是中等职业教育，似乎大踏步地走入快速发展的春天。学生人数和学校个数不断攀上历史新高，成为各地政府和教育行政部门对中职教育发展形势的基本表述。

一位省委书记轻车简从、"微服私访"来到一所职业高中，在细细询问之下，发现了一些问题。其中一个问题就是学生的人数有几个口径，实际在校学生不足上报学生数的1/2。不在校的学生有的在外顶岗实习或称为集体打工，有的流失在社会上，有的甚至是假名单。顶岗实习的学生在实习地还有可能再次被统计到职校学生数中。在基层，尤其在农村，"普职比大体相当"只能是个美丽的传说。

放眼世界，经济发达国家都有一个显著特征，支撑起现代工业的高端制造业，都是以大量高级技术工人为骨干的。同样是钢材，瑞士的钢材做成了高档的手表，吨价远高于德国的；德国的钢材做成了精密机械，又比咱们的钢材不知要贵出多少倍。简单的事实说明，高水平的技术工人太重要了，上帝给了他们一双可以点石成金的手。

改革开放30多年，无数青年学子投身南方热土，追寻淘金美梦，不也是靠双手，从蓝领做起，用技术、用手艺改变了人生？职业教育培养和生产掌握专门技术的劳动力，说大了，可以改变国家的产业结构和经济状态；说小了，可以直接影响一个人及其全家的生活水平和人生轨迹。"职教一人，就业一个，致富一家"的美好蓝图，几乎就是"读书改变命运"的教育梦的生动诠释。读书为啥？就业！就业为啥？发家！读职高就业更快，发家更易，多好啊！可是，很多地方的职高就是招不到、招不满学生。

政府政策倾斜，投资重点支持，基本上做到了县县有职高、校校在扩建、生活有补助、人人免学费。各级教育行政部门甚至层层签订责任书、军令状，还是很难完成年初预定的普职比1:1的职高招生任务。职业教育对国家这么重要，对个人和家庭也是意义非同寻常，一技在手，即可脱贫致富，怎么还招不来学生呢？而且进职校就可以减少考试、远离题海，还管吃管住。

国外职业教育主要由企业和社会承担。与基础教育、高等教育一样，我们的职业教育基本上还是以政府投入兴办为主，特别是中等职业教育，基本由政府包办。群众希望这种职业教育，能够提供"吹糠见米"地找到工作的本领，对教育的功利要求更直接、更强烈。如果读了书，还找不到工作，人们就会认为书是白读了。理论上讲，做到这一点，职业教育比普通教育可能性要大多了。可是，为什么老百姓不买账，不愿意把孩子送来读职高？

今天，在顶层设计中可以直接提供"读书—就业"路径的职业教育，虽有政府大力提倡支持，仍是招生不易、举步维艰，在各门类教育中困难最甚。这里面，固然有教育部门和学校在管理和办学方面的不足。比如师资数量不够，质量不高，而这些问题又恰恰是生源不足带来的。可以这样说，解决不了职业教育的生源问题，就解决不了职业教育的其他问题。生源不足，制约了整个职业教育的科学发展。

职业教育的生源问题，其实质是国人职业价值观的反映。职业价值观就是对所从事职业的好坏、高低的认识、评价和判断，属于价值观的范畴。旧时人们常说："万般皆下品，唯有读书高。"这里读书非技艺也，而是只用嘴和脑的"清流"。有言道："劳心者治人，劳力者治于人。"在国人的传统职业价值观中，没有职业内"敬业尽职则优"的概念，更多的是职业之间等级的差别。士农工商就是那时候职业等级的排序。

不用动手的职业就是高级的职业，管人的职业就是体面的职业；动手越少，管人越多，就越好；"宁为鸡头，不为凤尾"的职业取向，是不是自己说了算，是不是需向谁负责；等等。这些传统的职业价值观，不仅影响着整个社会的成功观、幸福观，更严重制约着职业教育的发展。一个没有正确职业价值观的民族，不可能与世界接轨，更不可能实现现代化。努力改变人们的职业价值观，不仅是职业教育科学发展的需要，更是职业教育服务社会、服务人群，多办实事、多求实效的当务之急和重中之重。要通过职业教育，从根本上改变整个民族的职业价值观，培养人们正确的成功观和幸福感，引领职业教育迈入蓬勃发展的春天，促进中华民族早日实现现代化。

误入歧途的职业教育

随着经济社会的发展，社会分工越来越细，越来越具体，那些掌握专门和特殊职业技能的劳动者，逐渐成为高收入人群，取得社会的认可。政府也清醒地认识到，要保持经济的可持续发展，占领未来制造业的高端和前沿，必有大量训练有素的高级技术工人作支撑。因此，政府也在为职业教育发展创设良好氛围，如出台专门法律法规予以保障，明文规定高中阶段学生数普职比要达到1:1。但在"表面繁荣"的背后，职业教育的问题也是显而易见的。

区域布局上，"虚火"。近年来，多地提出"县县有职高"的建设目标。以此，教育部门可以扩大教育资源，提高高中阶段毛入学率，甚至对外宣布普及了高中阶段教育。教育部门还鼓励职高建到产业园区内、企业厂房边，以此换来服务中心工作、支撑经济建设的好名声。职业教育，成为某些教育部门的政绩工程，不仅能直接增加县域GDP点数，还树立了重视教育、关注民生的为民形象。而至于这县县开建的职高，有没有老师教、有没有学生学，那就是另外一回事了。

学段层次上，"气虚"。生态经济和绿色GDP，都要求制造业向高端和环保方向发展，需要的是高级技术工人。而培养此类人才的高等职业技术教育，在职业教育蓬勃兴起的大潮中，并未真正得到政府和公办教育的青睐。

新增加的高职院校基本上以社会力量办学为主，政府新增投资的公办职业教育，基本上还是处于低水平的职业高中，面对社会和市场对高级技工的需求，显得底气不足。地方招商引资在人才，尤其是在技术工人方面的短板，依然触目惊心。

专业设置上，"失调"。没有实际操作训练，不可能培养出具有动手能力的技术工人。因此，职业教育必以实训设备作支撑，但实训设备是要花钱的，且有的还价格不菲。一般的职高，特别是区域经济条件一般的职高，根本负担不起。于是，大多数县域职高，都只能开设教育成本较低、实习时间较短的专业。教育部门和地方政府因为缺少物质支持，基本上对职高的专业设置不予干涉，只要把课开起来，是什么专业，将来有多少用，基本无人过问。职业高中专业的同质化、低端化、快餐化、无用化现象十分普通。

教师和学生人数，"实亏"。这种投入不多、专业单调、层次不高，而又县县都有的职高，到哪里去找教师、招学生呢？职业教育的教师，必须既是技师又是讲师的"双师型"教师。这种教师本来就是稀缺人才，怎么会逆向流动到县区的职高？职高找不到合格的教师，就只好将就对付。县县有职高，普职比还要基本达到1:1，就要求初中毕业生一半人数都要进入职高。可是社会职业观念对人们行为的束缚，身边现实的职高办学状况和毕业生的出路，职高本身与普高录取分数线的高低之差等，这些困扰，都令初中生进入职高的步伐异常艰难和沉重。就算将学生招进来，流失率也居高不下。职业高中的"双师型"教师数和实际在校学生数，在许多地方恐怕都只能是"不能说的秘密"。

目前，公办职业教育基本以职高为主。虽然规模不小，但专业低端，学生毕业后只能做普工，无法从事较高技术含量的工种。有些孩子不进职高，还可以有更好的选择和机会。职业教育，除了令教育部门和地方政府的有关数据好看点，工作报告好听些外，没有太多好处。这种"大跃进"式的职业教育，不仅无法为实体经济的发展，提供大批量有用的技术工人，还可能用虚假与浮夸、简陋与短视毁掉职业教育本身。

职业教育的这些问题，集中反映在两个方面，一是急功近利，二是违背规律。

专业技术工人虽然在实际工作中，具体运用的文化知识不是很多，但绝不意味着对文化素养的要求就可以无底线。专业技术工人的高超技艺，不仅来源于实践，还是丰厚文化土壤中生长的智慧之花。今天的多数职高，忽视了学生文化知识的汲取，淡漠了实际操作训练的功夫，把学生匆匆招进来，草草教几天，忙忙送出去，把教育和训练学生的职责，推给企业和社会，耽误了孩子，也抹黑了职业教育。

职业教育应是基础后教育

劳动不仅是进化的需要，也是人生幸福和生命意义的源泉。千百年来，人类社会的发展史，就是一部劳动的发展史。随着人类社会从洪荒愚昧走向现代文明，劳动的对象、工具和内容，都发生了巨大的变化。不同和有区别的劳动，就是职业。职业是劳动内容具体化和行为化的表现。作为劳动的一种表现形式，职业将人与社会、自然和他人紧密地联系在一起。有无职业能力，正是"社会人"和"生物人"的本质区别。

人一出生，便有了生物本能。没有经过基础教育，不懂得人伦与自然，只能算是个"生物人"。接受了基础教育，知道自己从哪里来、到哪里去，知道在前行的路途上，不是一个人，而是一群人，方才由"生物人"转化为"社会人"，具备了开始人生的基本条件。当然，参与了劳动，具有了职业行为，才最终标志着一个"社会人"的完整形成。

懂得了做人的基本道理，清楚自己与父母、亲朋的人伦关系，感恩自然万物的育化，并不意味着可以参与社会化的劳动，具有了职业能力。即便是在原始社会，像农耕、狩猎这样的基本劳动，也需要学习。今天，职业更细化、更高级，更要求一个"社会人"接受专业的职业能力教育，才能参与复杂的社会劳动，成为一个完整意义上的"社会人"。因此，职业教育在人的演变进化中，至关重要。

职业教育包含三个方面的内容：职业价值观、职业方法论和职业的具体技能。职业价值观反映人们对职业的价值判断，包括职业内容是否喜欢、职业技能是否复杂、待遇是否理想、社会地位如何等；职业方法论不仅包括职业道德规范、职业操守和行为模式，还包括人们相互之间的合作、支持的形式和规则。今天，人们常说的职业教育，主要学习内容就是具体职业的具体技能，是狭义和微观上的职业教育，是针对某一个特定的工种和岗位进行的教育。

不难看出，职业教育必须在完成基础教育的前提下开展，职业教育应是基础后教育。基础教育解决如何做人的问题。虽然做人的道理中也会蕴含做事的要求，但如何做事，如何做好事，如何把事做好，还应是在确立了基本"三观"基础上的继续教育。

过去，我们的职业教育主要以师傅带徒弟的形式进行。在传授技艺时，师傅也是先教做人，后教做事。国外一些特殊职业，比如教师和医生，强调职业能力必须建构在传授公共知识和基本伦理的基础教育之上。当前我国职业教育发展参差不齐，投入与效果不成正比的一个主要原因，就是违背了职业教育应在基础教育之后的教育规律。

把职业教育，特别是中等职业教育里的职高，办成了职业教育的主体，必然混淆职业教育与基础教育的区别，是一种教育上的"大跃进"。职高成为职业教育的主体，势必要求其投入以政府为主。在布局上与职业富集区——企业和产业的距离自然就不理想，在学习内容上更是与职业本身的需求相距甚远。所以，职高的学生毕业后，大多只能从事只要完成了基础教育就能做的普工，企业必须对其进行二次培训才能成为技工。由于职业教育学生的基础教育底子不够丰厚，"三观"的建构也还有不到位、不完善、不科学之处，导致就算企业投入再多的力量进行培训，最终能成大器者也不多见。

职业教育不应该放在高中阶段，而应设于高中阶段完成之后，最好是交由社会和企业来办，政府予以人、财、物方面的支持与奖励。学生在高中毕业之后，不必急于开始职业教育，能上综合性大学最好，大学毕业后再根据社会、家庭和个人的需求，选择职业教育。如此教育的方向更明确，职业的选择更准，人尽其才，才适其位，于社会、于个人都是好事。如果想直接上职业类院校也好，但起码要在高中毕业之后，不像现在初中毕业就进到职高，既不敢说已经学会了做人，也不能讲真的懂得了做事。知识的基础不够厚实，可能制约未来更大的发展。

基础教育之后的职业教育，还应是继续教育和终身教育，应不断地为社会修正职业价值观，完善职业方法论，并且服务于人的终身学习，以适应当今社会职业变化的日新月异。

民族教育，要从过分强调差异走向发展与融合

60多年来，以文明和团结为核心追求的民族教育，全面贯彻和传播国家的民族理论和民族政策，促进了各族人民的平等团结和安居乐业，为国家长治久安、社会和谐文明作出了历史性贡献。与此同时，一些地区从回归传统文化角度出发，在弘扬民族传统文化和双语教学的把握上存有偏差，过分强调各民族文化差异，客观上强化了部分人的"民族意识"和"民族情绪"，成为影响个别地方安定团结的文化因素。

民族是一个历史范畴，有产生、发展的阶段，必有融合、消亡的阶段。民族形成的过程，是民族语言、心理、习惯和生产、生活方式，即民族文化、民族特征形成的过程。民族形成之后，各民族在共同发展和共同繁荣的过程中，共同性越来越多，差异性越来越小，民族融合的因素也就逐渐增加，最终达到民族差别的消失，即民族融合的实现。这是不以人的主观意志为转移的人类社会发展的科学规律。因此，在民族教育中，必须尊重规律、淡化差异，以共同的文明进步为目的，鼓励各族人民取长补短、不断融合。

没有什么地域、文化自古就专属于哪一个现存民族。如果将现存民族的分布及其民族文化的表现形式与地域、边疆等概念进行固定或相对固定的描述，不仅存在民族歧视，更违背了客观现实和历史事实。中国的各个民族，历史上都经历过不断迁徙，很少有某一个民族一直固定生活在某个特定

的地域，如苗族最先居住于黄河中下游地区，后经江汉平原，逐渐向南、向西迁徙。有科学家提出，美国的印第安人就是来源于商周时期的华夏大地。国际上，尼泊尔境内有藏族，越南、缅甸等境内有景颇族，新加坡境内有汉民族，当然不能把这些民族居住的地方都与某一具体民族的权属与文化进行一一对应。

如今，在中国这片土地上，任何一个民族都不具有对任何一个地方的专属权，中国的每一寸土地都属于全体中国人，属于中华民族。文化也是如此，一方水土养育一方人，作为一地自然、气候的产物，生产与生活方式所构成的文化，必然有着特定地方的深刻烙印。水边民族的鱼文化、山里人家的兽图腾，盛产葡萄就会有葡萄酒、五谷丰登才会酿白酒，这些文化属于地域而不属于民族。

没有哪一个现存民族一定要信奉或者不信奉哪一种宗教。宗教也属于历史范畴，在不同的历史时期与人类有着不同的关系。从产生初期只属于某个部落或族群，到后来发展成跨民族、跨国家的信仰，宗教早已超越具体民族，而成为全人类的文化现象。如佛教起源于迦毗罗卫城（今印度与尼泊尔交界之地），西汉末年传入中国，曾在这片土地上得以光大，但我们不能就此认为佛教属于尼泊尔或印度，更不能认为它属于汉族或藏族，它是人类共有的文化。历史上某些民族信奉伊斯兰教并获得了特定的生活习惯。今天，这些民族中不信教的人也依然保留了这些生活习惯，不能说有这些生活习惯的人都是信教的。人类社会发展到今天，同一个民族或国家的人信仰不同的宗教，不同民族或国家的人信仰同一种宗教，同一宗教信仰的人有着不同的文化和生活习惯，有着同一文化和生活习惯的人信仰不同的宗教，这些都与民族无关、与文化无关。科学把握民族、民族文化与宗教的非特定性关系，是当前民族教育中的基本问题。

强调中华民族共同体意识，而不过分强调具体民族彼此之间的差异，是把各族人民的共同命运、共同利益放在首位，以文明和进步为目标，走好民族演变发展的人间正道。"中华民族"一词最早由梁启超提出，最初指的是古华夏族和从华夏族发展至今的相关民族，后来泛指生长在中国这片土地上所有民族的融合体。中华民族是人类社会民族发展阶段中的产物，而且是一个民族实体，包含具体的民族成分。提出并完善这一概念，符合人类社会民族发展的规律。中华大地上的各族人民早已经是你中有我、我中有你，同呼吸、共命运。作为不断发展的民族实体，中华民族内部的各个分支相互影响、不断融合、传承优秀、创造先进，不断吸收外来文化，可持续发展地为人类创造新的文明。

站位国际视野，抓好青少年爱国主义和民族团结教育，必须牢固树立中华民族共同体意识，紧跟时代前进的步伐，对民族传统文化进行科学扬弃，促进各民族的文化融合和文明进步，以文化和实体全面统一的中华民族自立于世界民族之林。

写好环境国际教育的中国方案

中美两国自建交以来，特别是近些年，对全球的绿色发展和生态文明一直怀有深深的忧患，抱有沉沉的责任。两国领导人都清醒地认识到，两国关系、全球环境、人类前途，全都寄托在青少年身上。关注孩子、关注教育，就掌握了开启未来之门的金钥匙。因此，不管政治关系如何变迁、如何曲折，中美最早的积极交往就是教育，最久的官方交往也是教育，人民群众参与最广泛的交往还是教育。

今天，教育的合作与交流已经成为中美人文交流最重要的内容。两国学生交流规模日益扩大。截至 2015 年年底，我国在美国各类留学人员达 59.79 万人，来华的美国留学生总数位居全部国家和地区的第二位。两国教育政策对话形成机制。中美两国教育部定期举办部际磋商、中美省州教育厅长对话和中美教育政策发展论坛等会议。两国高水平大学合作进展顺利。目前，中美高校合作开设本科以上层次合作办学机构和项目共 243 个。在美汉语教学稳步推进。美国已经设立了 109 所孔子学院和 498 个孔子课堂，注册学生规模达 35.1 万人。

随着两国教育合作与交流的不断深入，到对方学校去拿一个文凭，已经不能满足两国人民对合作与交流的更高的期待。人们希望双方可以携手共同推进一项工作、一份事业。新千年以来，人类共同的忧虑就是环境问题。近年来，中美两国中小学就环境问题的合作与交流如火如荼，开发了环境读本，设立了中英文网站以及微信公众号，极大地丰富了两国中小学环境教育实践，把成人世界对全球环境的忧患、对绿色发展的谋划、对人类命运共同体的担当，传递给未来的建设者和主人翁，为中美人文交流增添了友谊的厚度和思想的深度。

那么，如何牢固树立并切实贯彻"创新、协调、绿色、开放、共享"的发展理念，在世界环境问题的正确解决上，在中小学环境教育问题的深入开展上，传播更多的中国正能量，给出中国方案？这是世界的期待，也是中国教育人的责任。以下四个方面事关成效。

一是加强顶层设计，编写环保教材。环保教育，要从娃娃抓起。绿色发展，入教材入课堂，还要入脑入心。要有教学大纲、课标和规定课时，并结合教育信息化工程，在学校设立专门的环保实验室。

二是树立科学观念，创建生态文明。绿色发展最终要创建生态文明。科学的生态文明是一个系统工程，不仅要有自然环境的生态文明，要绿水青山，还要有人文环境的生态文明，要政治清明、诚实守信、克己复礼。

三是深化合作交流，拓展实践领域。坚持"走出去、请进来"，建立双方学校人员互访、专题对话、协同科研、深度交流的长效机制。鼓励两国学生将"热爱自然，绿色生活"的理念，落实在具体的实践中，贯穿到生活、学习的方方面面。

四是鼓励示范引领，促成星火效应。发挥示范学校的引领带动作用，吸纳更多的学校参与。在全国范围开展项目校培训会，加大培训力度，促进师资队伍建设。定期展览优秀成果，交流信息经验，互联互访互助，不断推动项目越办越好。

习近平总书记说，绿水青山就是金山银山。希望大家携手共进，在未来还人类一个青山绿水、蓝天白云的朗朗乾坤。

我们期待，环保地球春常在；更坚信，环境教育的中国方案，必将引领潮流！

坚持文化自信　开展国际合作

中国与中亚山水相连，交往、交流历史源远流长。回顾历史，人们都会想到2000多年前的古丝绸之路。中国古代的先贤们，西出阳关，携手中亚，开放怀抱，筚路蓝缕，开辟出造福沿线各国人民的丝绸之路，开启了中国同中亚乃至世界各国友好交往的辉煌历史。

不论古代还是今天，不论中亚还是中国，让人民生活得更加美好，都是共通的价值取向。在这个共同追求和一致目标的指引下，中国与中亚国家之间，政治互信不断加深，经贸合作持续扩大，人文交流再传佳讯，成为互助、互利的新型国家关系的典范。

当今世界正处在大发展、大变革的关键时期。随着经济全球化的深入发展，任何一个国家都无法关起门来搞建设。习近平总书记指出，一个国家强盛才能充满信心开放，而开放促进一个国家强盛。随着中国经济发展进入新常态，要保持经济社会的持续健康发展，就必须树立全球视野，更加自觉地统筹国内国际两个大局，全方位谋划对外开放的大战略，以更加积极主动的姿态走向世界。面对艰巨任务，重新审视教育的地位和作用，把教育作为人文交流的核心内容意义深远。大力培养具有社会责任、具有道德担当、具有国际视野、具有创新能力的合格人才，教育任重道远。

文化自信首先表现为文化自觉，即一个民族对自身文化之由来、发展历程、内在特色、现实状况、发展趋势的理性把握，对自身文化与其他民族文化之间的理性把握。其次，文化自信表现为自觉的文化批判和价值重构，在积极传承中华优秀传统文化的同时，能够清楚地看到民族传统文化的不足，通过文化批判为新的价值重构创造条件。最后，文化自信的根本是以自觉的精神构建自洽的哲学社会科学话语体系，再造自洽的中国文化。

如何拓展中国与中亚国家高等教育合作交流的广度和深度？可以用四个关键词来解读，即引领、包容、服务、合作。

立足大局，引领发展。当前，中国与中亚国家关系的大局，就是扎实推进"一带一路"建设。要充分发挥大学作为政府和社会智库的高端引领作用，加强"一带一路"建设的学术研究、理论支撑和话语体系的建设；推出具有远见卓识的思想产品，聚焦战略问题、实现学术互鉴、服务公共决策、引导社会舆论，促进"一带一路"的建设，是区域内大学义不容辞的光荣使命。

文化自信，包容发展。对本民族和本国优秀文化的认同与自信，是国际合作与交流的基础。任何区域、任何合作，概莫能外。中华民族优秀文化，是56个民族共同创造的宝贵财富。对不同生活习惯、不同发展道路的尊重和包容，正是中华文化温润如玉、和而不同的精神底蕴。加强和扩大中国大学的对外开放，首先要坚守中华文化的根，在自尊自信、互学互鉴的基础上，推动跨文化交流。

立德树人，服务发展。大学是人才和思想的"银行"。育才、聚才、储才、荐才，是全世界大学的基本任务。深化中国与中亚国家大学的合作交流，学分互认、慕课共享、资源相通，要创新大学育人平台，用正确的核心价值观统领各项育人任务。用好政府奖学金，以高端人才交流为重点，鼓励学生到对方国家大学深造，实施创新型、国际型高端人才联合培养计划，提高区域人力资源整体水平，促进发展，更好地造福各国人民。

共建共享，合作发展。健全机制，细化方案，创新合作方式，推进舆论宣传，作好风险评估，完善配套服务，重点支持战略性优先项目和显效性示范项目的落地实施。多搞一点早期收获，让有关大学不断有实实在在的获得感。以钉钉子的精神抓下去，一个项目一个项目地干，一件事情一件事情地做，务求实效、不尚空谈。坚持各国各校共商共议，遵循平等、互利的原则，抓住发展这个最大公约数，发展中国大学，更发展中亚国家大学，让中国与中亚国家高等教育的合作交流结出丰硕成果。

李奇勇：做有温度的教育

□记者　郭　瑞　周书贤　□宋　刚

教育应该是人最自然和本能的需要，是我们一切工作的归宿。教育要走出困境，只能从根本上摒弃"过度教育"，实行"适度教育"，提倡"有限教育"。这是贵州省教育厅副厅长李奇勇的观点，也是贵州教育人"做有温度的教育"的新追求。

变不了环境，变得了人的素质

中国教师报：贵州省自然条件比较恶劣，地区之间差异较大，交通不便，孩子上学苦，吃饭难。从2006年完成"两基"攻坚到2009年通过国家验收，贵州省在义务教育均衡方面付出的努力，比其他地区更多吧？

李奇勇：由于自然条件的制约，在贵州省办什么事情都难，不光是办教育难。但是，从省委、省政府到各市（州），都把教育放在优先发展的重要位置上来抓，贵州省要脱贫致富，首先要让孩子摆脱愚昧。环境不能改变，但是能够通过努力，让人的素质发生改变。2009年，在"两基"验收总结会上，时任教育部副部长的陈小娅几次哽咽得说不出话来。今天，贵州省的人均GDP仍然是全国倒数的省份，但是在"两基"攻坚的那几年，我们对教育的投入是前面几十年的几十倍。

中国教师报："两基"顺利通过国家督导评估后，贵州省委、省政府于2011年7月与教育部签署《义务教育均衡发展备忘录》，贵州省要达到怎样的发展目标？

李奇勇：我们的目标是：到2017年年底，全省各县（市、区、特区）（以下简称"县"）实现县域内义务教育初步均衡，即县域内义务教育阶段教育投入、教育设施、教师资源等基本办学条件均衡；到2020年年底，全省实现义务教育基本均衡，省内区域间、城乡间义务教育发展差距缩小。这些目标的实现，都有相应的阶段性"时间表"和"路线图"作为指引。

教育公平度反映地区幸福指数

中国教师报：从贵州省的情况来看，城镇农民工比例较大，让这个群体的子女能够接受良好的教育，体现着党政领导对教育公平的认识高度。教育厅对此有怎样的理解？

李奇勇：高度认识义务教育的重要性是执政的需要。人们常说，教育是民生问题，这样的认识还不够，应该说教育将是我们全部工作的归宿。我们党领导人民闹革命、搞建设、改革开放、发展经济都是为了让人民过上好日子。人民过得好的终极指标是孩子过得好。让孩子过得好，靠什么？落脚在教育上。因此，教育是执政的基石。

教育发展是社会主义科学发展的需要。社会主义的关键词是公平，公平是让人民活得更有尊严，让孩子接受平等的教育。

通读《国家中长期教育改革和发展规划纲要（2010—2020年）》，可以凝练成四个字：公平、质量。能否为每个孩子提供公平的受教育权，反映着一个地区的幸福指数。

然而，仅仅提供给孩子受教育的权利还不够，教育公平的内涵需要教育价值观的支撑，也就是提供一种什么样的教育。我在很多场合提到过，要办有温度的教育。把握好"度"，孩子才会感到舒适、自然，才不会觉得上学是痛苦、是负担。

中国教师报：贵州省提出工业化、城镇化和农业现代化"三化同步"的发展目标，对教育有何积极影响？

李奇勇：工业化带动工业园区项目，园区建设者普遍来自农村，外来务工人员的子女可以随父母迁移，学校解决这些孩子的上学问题，可以让孩子的父母安心地工作，解除他们的后顾之忧。教育要做城镇化的排头兵，没有教育的城镇化是瘸腿的城镇化。在规划城镇建设的同时，应做好学校建设的科学规划。农业现代化的标志是农民的现代化，农民的现代化要靠教育实现，有了农民的现代化，才会有农业的现代化。

微环境均衡是教育均衡的基础

中国教师报：教育的公平与均衡，不仅仅是孩子受教育的权利得到保障，更重要的是微环境内，学生是否可以享受平等、公平的待遇。在义务教育阶段，破解择校难题，消除违规分班，贵州省有哪些有效举措？

李奇勇：贵州省在消除择校方面做得很好。我们很早就意识到微环境对学生的影响，意识到教育竞争不能沦为择班、择师的不公平之争。

在落实"减负增效提质"工作方面，我们提出三项"八个"规定。其中"八个严控"用来规范办学行为，即：严控在校时间、严控课程课时、严控家庭作业、严控集体补课、严控教辅资料、严控考试次数、严控招生秩序、严控择校择班。

我们省里有一位校长，每年招生结束，他总会亲自分班，最后将各班学生名单交给教务处，这是规避择班、择师，避免人情的一条有效路径。

中国教师报：这个做法很好，班级均衡是教育均衡的基础。除了"八个严控"外，另外两项"八个"规定对减负工作起到怎样的保障作用？

李奇勇：中小学生课业负担过重，也是长期阻碍与困扰贵州省基础教育改革发展的顽疾。为了破解这一难题，我们全面启动了基础教育"减负增效提质"工作。

另外两项"八个"规定分别为："八个制度"切实减轻负担，即：建立中考试卷质量评估制度、学生体质健康状况通报制度、教学活动安排公示制度、家校联动制度、规范办学责任制度、规范办学督查制度、规范办学奖惩制度、社会舆论监督制度；"八个突破"破解提质难题，即：增强德育工作针对性和实效性上实现突破、推进全面育人上实现突破、推进课程改革向纵深发展上实现突破、建立科学的评价制度上实现突破、提高教师整体素质上实现突破、人人能成才上实现突破、推进特色学校建设上实现突破、推进县域义务教育均衡上实现突破。

贵州省许多地方和学校围绕提高教学质量和促进学生全面发展，提出了"把功夫用在课堂上""向课堂40分钟要质量""向作业有效性要效率"等举措，改变了传统的应试教育模式，实现了教学相长。

均衡调配师资，提升教师队伍质量

中国教师报：目前，贵州省在加强教师队伍建设方面，主要采取了哪些措施？取得了怎样的阶段性成绩？

李奇勇：近年来，贵州省采取各种措施加强中小学教师队伍建设，重点补充农村教师数量和注重教师质量的提升，取得了一定的成效。

一是大力实施"特岗计划"，着力解决农村义务教育阶段教师不足的问题。自2006年以来，共为全省60余个边远贫困县农村学校补充了4.4万名特岗教师。同时，通过实施"支教计划"、地方"免费师范生定向培养计划"，为农村学校定点定向培养紧缺学科师资。目前，全省农村义务教育阶段教师在规模上已基本能满足教育教学的需要。

二是加大教师培训力度，通过实施"贵州省中小学教师继续教育工程"，推进教师全员培训；利用"农村教师素质提升工程"、骨干教师队伍建设的"万千万工程"等项目，特别是通过大力实施"国培计划"，2010～2011年共培训农村义务教育阶段教师近10万人，为贵州省的农村学校培训了一批"种子"教师，推动了全省大规模、高质量教师培训工作的开展。

三是制定一系列政策措施，加强教师队伍建设。如制定下发了《省人民政府办公厅转发省编委办等部门关于加强和完善中小学幼儿园教职工编制管理意见的通知》。文件明确规定：逐步实行农村参照县镇标准核定中小学幼儿园教职工编制的政策。

中国教师报：如何均衡调配师资，调动广大教育工作者的积极性呢？

李奇勇：统筹使用学校编制，充实壮大教师队伍。保障教师的优质来源，到 2017 年，贵州省全部师范院校均实施师范生免费教育制度，实施国家"特岗计划"的同时，努力推进地方"特岗计划"。做好"国培""省培"计划，将"继教工程"推向深入，鼓励教师提高学历水平和教学能力。

保障教育工作者各项待遇，引导和鼓励教师到农村和偏远学校任教。保证足额发放教师工资，为教师缴纳"五险一金"。建立县域内教师、校长轮岗交流机制，促进教师资源合理配置。教师和校长在同一学校工作一定年限后，应予交流。

课堂教学是教育改革的关键

中国教师报：2010 年，贵州省正式开始高中新课程改革，两年来，做了哪些工作？

李奇勇：从 2004 年开始，全国先期进入高中新课程改革的省份，经过七八年的实践，已经取得了一些经验和成果。2010 年，我们借鉴其经验和成果，启动选修课程建设和开设工作，努力为学生提供丰富多样的选修课程，促进学生全面而有个性的发展。同时，继续做好课程改革教师培训工作，以促使教师更新观念、提高认识、提升掌握和运用新教材实施教学的能力。

为贯彻落实好高中课程改革的各项工作要求，推进课改的顺利实施，各市（州）均成立了普通高中课程改革领导小组，同时成立市（州）课程改革专家指导组，整体推进和指导课程改革。此外，加强管理，建立推进课程改革的实施方案；加大投入，为课改提供保障；培训先行，提高课改实施能力；教研支撑，提升专业保障水平。

学校方面，开足开好必修课，创新选课方式，探索评价和学分管理方式，开好综合实践课程，开展校本教研。

中国教师报：现在人们有一个共识，课程改革的基础是课堂教学改革。贵州省如何在课堂教学中体现新的教育理念？

李奇勇：课堂教学改革是教育改革的关键，在贵州省，各学校都比较重视课堂教学改革。在课堂中，教师的教学更多地基于学生的学习基础、学习需求，教学方法更加灵活，更富有激情；学生的学习方式更加多样；课堂上更加关注交流、体现探究、注重实践、落实训练，课程改革的理念逐步得到体现。

课程改革倡导的选择性、自主性和实践性，为学生全面而多样化的发展创造了有利条件。一些学生的研究性学习成果很有特点，一些学生和教师的发明还申请了国家专利；教师队伍的整体素质得到一定提升，涌现了一批优秀教师；学校的办学特色日益显现。

（原载 2012 年 11 月 14 日《中国教师报》）